MW00778693

La

PRESENCIA

Bill Johnson

La
PRESENCIA

Develando la Agenda del Cielo

La Presencia por Bill Johnson

© Copyright 2012–Bill Johnson

Publicado Originalmente en los Estados Unidos por

Destiny Image. Una división de Nori Media Group. 167 Walnut Bottom Road, Shippensburg, PA. 17257, Estados Unidos de América, con el nombre de: *Hosting the Presence.*

Esta traducción de *Hosting the Presence* es publicada por NEXUS PUBLICACIONES en acuerdo con Destiny Image. Todos los derechos reservados.

A menos que se indique otra cosa, las citas de las Escrituras han sido tomadas de Santa Biblia, NUEVA VERSIÓN INTERNACIONAL® NVI® © 1999, 2015 por Biblica, Inc.®

Usado con permiso de Biblica, Inc.®

Otras versiones citadas:

   LBLA - LA BIBLIA DE LAS AMERICAS © Copyright 1986, 1995, 1997 by The Lockman Foundation Usadas con permiso.

   RVR - Reina-Valera 1960 ® © Sociedades Bíblicas en América Latina, 1960. Renovado © Sociedades Bíblicas Unidas, 1988. Utilizado con permiso.

   RVC - Reina Valera Contemporánea ® © Sociedades Bíblicas Unidas, 2009, 2011.

   RVA - Versión Reina Valera Actualizada, Copyright © 2015 por Editorial Mundo Hispano

   NTV - Santa Biblia, Nueva Traducción Viviente, © Tyndale House Foundation, 2010. Usado con permiso de Tyndale House Publishers, Inc., Todos los derechos reservados.

   TLA - Traducción en lenguaje actual Copyright © Sociedades Bíblicas Unidas, 2000. Usado con permiso.

   DHH - Dios habla hoy ®, Tercera edición © Sociedades Bíblicas Unidas, 1966, 1970, 1979, 1983, 1996. Usado con permiso.

   NBLA - Nueva Biblia de las Américas™ Copyright © 2005 por The Lockman Foundation. Derechos Reservados.

   NBV - Nueva Biblia Viva © 2006, 2008 por Biblica, Inc.® Usado con permiso de Biblica, Inc.® Reservados todos los derechos en todo el mundo.

Prohibida la reproducción parcial o total por cualquier sistema de impresión o digital, sin permiso escrito del editor; a excepción de citas breves y sin fines de lucro.

Traducción: Francisco Báez
Edición: Gabriel Acosta y Ángel Nava
Diseño: Pedro Barreto

NEXUS PUBLICACIONES
Corregidora, Qro. 76902 México.
Teléfono: +52 442 586 2866
Email: admin@nexuslibros.com
www.nexuslibros.com

Versión en español norteamericano publicada y distribuida por:

Destiny Image International
167 Walnut Botton Road, Shippensburg, PA 17257
Teléfono: 1-800-722-6774
www.faithandflame.com

ISBN libro: 978-0-7684-7291-2

ISBN libro digital: 978-0-7684-7292-9

Impreso en América del norte
Printed in América del norte

Dedicatoria

Dedico *La Presencia* a Heidi Baker de Ministerios Internacionales Iris.

Me doy cuenta de que no es muy común dedicarle un libro a la misma persona que escribió el prólogo, pero debo hacerlo en este caso. Heidi Baker es una de las personas más extraordinarias que he conocido en mi vida. Su capacidad para entregarse a los indigentes más pobres y a los quebrantados más desafortunados le hace destacar en un mundo de ministerios que buscan el éxito, pero buscando el favor de los famosos.

Afortunadamente, existe un creciente número de personas que sirven de la manera en la que Heidi lo ha hecho por todo el mundo. Todos ellos merecen nuestro apoyo y amor. Sin embargo, la singularidad de Heidi proviene de su capacidad de servir también a los ricos más opulentos, pero sin esos "motivos ocultos", codiciando lo que poseen para su propio ministerio. Y esto lo hace con una cualidad extremadamente rara: no les avergüenza por su éxito. Por lo contrario, se los celebra.

Antes de conocer a Heidi, habría dicho algo como esto: En un mundo perfecto, debiera existir una persona que encarne las vidas tanto de la Madre Teresa como de Kathryn Kuhlman. A través de los años, he notado que Heidi lleva el mismo fruto de ambas heroínas de la historia de la iglesia, pues ella vive la compasión y el poder en igual proporción. Por lo visto, esto sí se volvió un mundo más perfecto antes de que yo lo hubiera imaginado.

He tenido el increíble privilegio de servir junto a Rolland y Heidi Baker por todo el mundo, incluyendo su campamento-base en Mozambique. Sencillamente nunca dejan de asombrarme. Una de las cosas que he presenciado día tras día, año tras año, es que son los mismos tanto en privado como en público: humildes, apasionados y dignos de honor. La pasión de Heidi por la presencia de Dios en su vida es el combustible para todas las cosas por las que es conocida. Por esta razón le dedico esta obra. Ella modela profundamente el corazón de este libro.

Ministerios Iris ahora tiene oficinas ministeriales en todo el mundo. Rolland y Heidi viven en Pemba, Mozambique.

(Y por supuesto, debo decir que ella escribió este prólogo sin saber lo que yo iba a hacer con "la dedicatoria".)

RECONOCIMIENTOS

Quiero agradecer a Mary Berck y Michael Van Tinteren por hacerse cargo de las investigaciones necesarias para este libro. Su ayuda no tiene precio. A Kristin Smeltzer y Shara Pradhan, por su ayuda invaluable y trabajo desinteresado al ordenar y preparar mis transcripciones. A Judy Franklin, Pam Spinosi y Dann Farrelly, cada uno de ustedes jugó un papel único al ayudarme a revisar y editar este proyecto.

¡Mucha gracias a todos!

OPINIONES SOBRE ESTE LIBRO

En La Presencia, Bill Johnson estremece tu corazón para que profundices en Él, desafía tu mente para abrazar al Espíritu Santo con un nuevo entendimiento y enciende tu espíritu con una ferviente pasión por buscar y mantener su dulce presencia. Los testimonios y la verdad en estas páginas inspiradoras, abrirán los ojos de tu entendimiento hacia una dimensión completamente nueva para rendirte al Espíritu Santo. *La Presencia* es una lectura imprescindible para todo creyente que quiera amar y honrar a Jesús de la manera en que fuimos creados para hacerlo.

Dr. Ché Ahn
Pastor principal de la Iglesia HROCK en Pasadena, Cal., EEUU.
Presidente del Ministerio de Harvest International.
Canciller Internacional para el Instituto de Liderazgo Wagner.

Uno de nuestros más altos llamamientos es albergar la Presencia de la Paloma de Dios. Ese es mi mayor gozo y placer en esta vida, ser una percha donde esta paloma pueda venir y tener su lugar de pertenencia. A lo largo de los años he tenido el honor de observar el vuelo y descenso del Espíritu Santo sobre diferentes iglesias, reuniones, ciudades y naciones. Con todo ello, rara vez he visto que una persona, un lugar o un ministerio se convierta en una morada donde el Dios del ahora construye un nido sobre el que no solo flota, sino que desciende. Este libro está lleno de lecciones e historias actuales de un tierno hombre de Dios llamado Bill Johnson y una congregación temeraria llamada Bethel Church. Es un honor recomendarles las lecciones aprendidas por este equipo de buscadores. Únase a ellos para ser un pueblo que albergue la Presencia de esa Paloma Celestial.

James W. Goll
Encounters Network, Prayer Storm, Compassion Acts
Autor de *El vidente, Una fe radical, El arte perdido de la Intercesión* y muchos títulos más.

El nuevo libro de Bill Johnson, *La Presencia*, es un libro muy importante sobre uno de los temas más importantes: Experimentarlo a Él. Leí el libro en una sola mañana... y me encantó. Quedé emocionado por las percepciones particulares de Bill, capturado en sus astutas frases y desafiado mientras leía una vez más sobre otros gigantes de Dios, y sus experiencias con Él. Este es un libro destinado a la re-calibración, llevándonos de vuelta a nuestro primer amor, como advertencia para evitar que las cosas diminutas nos roben las más trascendentales en nuestra relación con Él. Creo que este libro será un clásico dentro de los libros devocionales de nuestros días, así como en su generación lo fueron los escritos de Andrew Murray. No querrás perderte su lectura. Adquiérelo y experiméntalo mientras pones en práctica la sabiduría de un general en la fe de los tiempos modernos. Si en el cielo se nos permitiera leer, este libro estaría en la lista de los Best Sellers. Los místicos de la iglesia de otras generaciones le habrían dado cinco estrellas. Incluso sería comentado en el periódico The New Jerusalem Times.

Randy Clark
Autor de *Hay más.*
Co-autor con *Bill Johnson* de *La Guía Esencial para la Sanidad* y *Healing Unplugged.*
Fundador de Global Awakening y la Apostolic Network of Global Awakening.

Solo un puñado de hombres lleva la unción especial que Bill Johnson lleva para abrirnos paso y llevarnos hasta *La Presencia*. Muchas veces he sido testigo de los asombrosos milagros derivados de esta gracia. Cada página de *La Presencia* me mantuvo completamente absorto y bendecido. Me ministró como ningún otro libro sobre el tema de la presencia de Dios. Las olas de la gloria de Dios me inundaron y cautivaron con las frescas revelaciones en cada página. Nunca antes había visto a Moisés ni a Gedeón o a David de esta manera... Y las revelaciones siguieron llegando. Este será mi manual del año. Solo puedo decir: "gracias Bill", y bravo por la revelación de estos tesoros. A aquellos creyentes hambrientos por más de la unción de Dios y cómo administrarla, les digo: Esto es lo que habían estado esperando... ¡Asombroso, impresionante y transformador de vidas!

Mahesh Chavda
Pastor principal, All Nations Church

ÍNDICE

Prólogo

El libro de Bill Johnson, *La Presencia*, es uno de los libros más poderosos que he leído. El Capítulo uno me dejó deshecha, e inexplicablemente me encontré llorando y clamando por más de la presencia manifiesta de Dios, para que se quedara a morar en mi vida. Quedé hecha pedazos y con un insaciable deseo de ser poseída completamente por la Gloria de Dios y plena con un nuevo anhelo para que mi vida se distinga por su presencia.

Los testimonios de Bill sobre los encuentros con Dios me recordaron las experiencias que transformaron mi vida. Recuerdo una ocasión particularmente poderosa durante una reunión en Toronto, Canadá, cuando fui deslumbrada por el Espíritu Santo. Mi amigo Randy Clark estaba predicando, y durante su mensaje me sentí tan urgida por lo que él estaba diciendo, que incluso sin que él hiciera el llamado para pasar al frente, corrí hasta el escenario y levanté mis brazos a Jesús. Recuerdo a Randy decir que Dios quería saber si yo quería la nación de Mozambique. Cuando respondí a toda voz con un rotundo "¡Sí!" el Espíritu Santo me desarticuló por completo y de inmediato sentí ese amor líquido latiendo por todo mi ser, como si fuese un tipo de descargas eléctricas. Fue tan real y poderoso que pensé que iba a morir. No pude moverme, caminar o hablar durante siete días y siete noches. ¡Tuve que depender de los hermanos (el Cuerpo de Cristo) para que me ayudaran con todo! Durante ese tiempo aprendí sobre mi completa dependencia, no solo de Cristo, sino también de Su Cuerpo. Sentí como si una mano pesada y ungida se posara sobre mi pecho, justo sobre mi corazón y un río de amor me revolcara repetidamente. Nunca había sentido un amor tan poderoso hasta ese punto en mi vida.

Posteriormente supe por mi marido que nadie había impuesto las manos sobre mí en todo ese tiempo. Fue Dios mismo quien puso Su ardiente corazón con amor apasionado dentro de mí. Este encuentro cambió mi vida para siempre, y sabía que me arruinaría cualquier otra cosa que no fuera llevar el corazón mismo y la presencia de Jesús a las tinieblas de este mundo.

Desde ese día he buscado puertas abiertas por las cuales Él pueda fluir. A través del libro de Bill, el Señor nos llama para encontrar un lugar de íntima colaboración para portar Su gloria día a día. Creo que durante su lectura, Dios te llevará a un lugar más profundo en donde fluye su cariño y afecto y apertura al Espíritu Santo para atraerte a que vivas tus propios y más grandes encuentros sobrenaturales con Dios. Este libro te enseñará a reconocer esas puertas abiertas que Él ha preparado para ti, para liberar Su poder y presencia a través de tu vida.

Hemos sido llamados a vivir en una comunión tan íntima con Él, de tal manera que todas las cosas sean posibles a quienes creemos y hemos sido creados para ser como Él. Solo cuando nos percatamos de que todos los milagros que Jesús hizo en la tierra fueron hechos por un mero hombre dependiente de su Padre celestial, aceptamos la invitación de creer que nuestras vidas ordinarias pueden ser usadas de la misma forma para portar la asombrosa gloria de Dios. La muerte de Jesús en la cruz hizo posible que la humanidad entrara en un lugar que había permanecido oculto anteriormente, donde la humanidad puede llevar a cuestas la Presencia de Dios para hacer todo lo que Él hizo. Mientras leía este libro me sentí obligada a empeñarme aún más, hasta que las mismísimas cosas que Jesús hizo, sucedieran en mi propia vida.

Al escuchar las enseñanzas de Bill al paso de los años, he sido cautivada para esforzarme a ir en busca de nuevos ámbitos de posibilidad, y para creer que podemos ver cosas que nunca imaginamos ver por medio del poder del Espíritu Santo. Desde que conocí a Bill en 1997 he visto la vida y el poder de Dios fluyendo a través de él en formas poderosas. Cuando he asistido a reuniones en las que él ha hablado siempre he experimentado la presencia manifiesta de Dios, solo para ser llevada a lugares más profundos de rendición. Observar la vida personal de Bill en intimidad y abandono para Dios, me ha sido de gran inspiración. Él es una de las personas más generosas que Rolland y yo jamás hayamos conocido, siempre en busca de empoderar a otros para que remonten vuelo hasta llegar a los dominios del Espíritu Santo. En su vida practica el hambre, la intimidad, y la conciencia inquebrantable de la presencia de Dios.

Recomiendo encarecidamente a todo creyente que anhele la posesión del Espíritu Santo a leer este libro para aprender a vivir una vida centrada en Su presencia. Jesús anhela descansar no solo sobre algunos, sino sobre una generación completa de imparables y amantes siervos valientes. Aquellos dispuestos a ceder por completo a Su incalculable e incesante amor. Creo que al leer este libro, Jesús ensanchará tu capacidad para portar Su Presencia, encender tu corazón apasionadamente y trasladarte hacia nuevos dominios en el cielo. Te hallarás en una mejor posición para producir una vasta cosecha mientras creas que tú también puedes ser lleno con toda la plenitud de Dios.

Deseo que te conviertas en la morada eterna de Dios y remontes vuelo en tu asignación más sublime... Ser quien albergue la Presencia del Rey de Gloria.

¡Este libro me ha impactado!

Heidi Baker, Ph.D.
Directora Fundadora, Iris Globe

INTRODUCCIÓN

Nunca he sido alguien que ofrece largas presentaciones a mis libros, en parte porque un gran número de personas no las lee. Otra razón es que la mayor parte de lo que quiero decir prefiero escribirlo en el propio libro. Pero si hay algo sobre lo que me gustaría llamar tu atención al presentarte este libro, sería el Salmo 27:4.

Una sola cosa le pido al Señor, y es lo único que persigo: habitar en la casa del Señor todos los días de mi vida, para contemplar la hermosura del Señor y recrearme en su templo.

Es importante que todos encontremos la "única cosa" que puede convertirse en el punto de referencia para los asuntos e inquietudes de nuestras vidas. Y esa cosa es la Presencia del Dios Todopoderoso, reposando sobre nosotros.

1

La Más Sublime Misión

Había algo diferente en la atmósfera que rodeaba al apóstol Pedro. Una vez, de pie y petrificado ante una sirvienta, negando que nunca había conocido a Jesús (ver Mateo 26: 69-70). Su estilo de vida cambió drásticamente después de ser bautizado en El espíritu santo. Las personas no solo sanaban cuando oraba por ellas, sencillamente parecían ponerse bien cuando estaban cerca de él. Las historias de estos milagros se extendieron hasta que finalmente alguien notó su rutina diaria —caminaba hasta el templo para orar. Entonces trajeron a los cojos y enfermos y los colocaban a lo largo del camino para que fueran sanados por su sombra mientras pasaba. (ver Hechos 5:15). En realidad, era la Presencia de Dios sobre él, porque *la unción* es una persona. La esperanza era que su sombra cayera sobre ellos para ser sanados. Las sombras no tienen sustancia. La sombra era simplemente el punto de contacto con su fe. Tanto es así, que la gente desarrolló este patrón porque los milagros ocurrían con cierta consistencia.[1]

Jesús fue conocido por sanar a las personas con y sin oración. De hecho, hubo momentos en los que parecía que no se involucraba en lo absoluto en el milagro que acontecía a través de él. Con base en los registros del Evangelio, parece que esto comenzó cuando una mujer muy enferma consideró un momento potencial y pensó que si tan solo pudiera tocar su túnica, sanaría. Esta mujer sintió que algo estaba disponible a través de un toque del que nadie se percataría. Algo que nunca antes se había hecho. Tampoco existía un registro de "cómo obtener tu milagro" en el "Manual de sanidades de Jesús". De hecho, Él nunca insinuó que fuese posible. Ella observó cómo obraba y llegó a la conclusión de que portaba algo en Su persona a lo que se podía acceder mediante el tacto.

No hay duda de que la fe estaba obrando en su corazón. Muy de vez en cuando, una persona en estas condiciones se da cuenta de su fe. La atención no estaba en ella misma, estaba sobre Él. Y como resultado, la fe se convirtió en su expresión consciente. Después de tocarlo descubrió que su percepción era verdadera, y fue sanada (ver Lucas 8: 43-48).

La historia de ese milagro se difundió hasta que la gente de todas partes se dio cuenta de que esta era una forma legítima de recibir sanidad: "basta con tocar cualquier parte de su ropa". Fue así como dicho objetivo se hizo costumbre entre la muchedumbre, pues la gente *Le suplicaban que les permitiera tocar siquiera el borde de su manto, **y quienes lo tocaban quedaban sanos.***" (Marcos 6:56). Imagina multitudes de personas, contadas por miles, tratando de tocar la ropa de este hombre. Las Escrituras testifican que todos los que tocaron Su ropa con ese objetivo en mente experimentaron un milagro.

Debió haber habido un tiempo en el ministerio del apóstol Pablo, en el que seguro tuvo que aprobar el curso "Cómo pasar de simples milagros a milagros extraordinarios". Lo digo porque me parece asombroso cómo en el reino de los milagros, estos se pueden volver tan normales. De esta forma el apóstol Lucas, bajo la inspiración del Espíritu Santo, tuvo que crear una categoría aparte para diferenciarlos de los nuevos milagros, pues operan a un nivel superior de misterio, unción y autoridad. Esto fue justo lo que ocurrió en Éfeso, y las Escrituras lo registran así: *"Dios hacía milagros extraordinarios por medio de Pablo"*. (Hechos 19:11). Fue durante este tiempo que en el ámbito de los milagros se superó lo que había ocurrido con Jesús cuando la gente simplemente tocaba Su ropa. A tal lugar llegaron ahora las cosas que podían tomar piezas de la ropa de Pablo hasta donde estaban los enfermos y cojos para ser sanados de enfermedades y/o ser liberados de demonios. Un aspecto único de esta descripción bíblica es que a estos milagros ocurridos a gran distancia de Pablo se le atribuyó el haber estado "en manos de Pablo".

Estas historias extraordinarias son efímeros vistazos hacia los caminos del Espíritu Santo. Todavía nos toca vivir en lo que ya ha sido revelado. Creo que esto también implica que hay caminos del Espíritu Santo que aún están por ser descubiertos. La forma en la que Él se mueve nos revela lo inusual de sus métodos. Ninguno de ellos sucedió porque la gente fuese previamente instruida sobre cómo comportarse, ni hubo ninguna sugerencia para insinuar la posibilidad del acceso a Su poder y presencia a través de tan inusuales métodos. La gente observó algo nunca antes visto y respondió con fe. La fe ve y responde a realidades invisibles. Cada uno de los involucrados en la recepción de un milagro lo hizo respondiendo a lo que percibieron que reposaba sobre estos tres: Pedro, Jesús y Pablo.

Esto también nos muestra cómo podemos acceder a las realidades invisibles del Reino través de una simple fe y obediencia. La fe no viene de la mente; viene del corazón. De la misma forma, una mente renovada incrementa nuestra fe a través de la comprensión de lo invisible. Encuentra su combustible al conocer los caminos del Espíritu Santo, en cómo se mueve. Las perspectivas únicas de la realidad de donde extrajeron su milagro, no fueron el resultado de años de estudio y oración (que obviamente es de gran valor en nuestras vidas, pero sirve para otro propósito). Fueron respuestas a la gracia disponible de la Presencia manifiesta de Dios, a través del Espíritu Santo que descansaba sobre la gente.

Es hora de que estas historias excepcionales ya no sean la excepción. Es tiempo de que se conviertan en la regla —la nueva normalidad. Y ese es el clamor de mi corazón. Los apóstoles aprendieron del ejemplo de Jesús sobre que su mayor tesoro era la Presencia del Espíritu Santo posando sobre él. Aprender a albergar la Presencia de Dios es el mayor desafío de la vida cristiana.

El Invitado Perfecto

Considera lo que sintieron María y José cuando escucharon que María habría de dar a luz al Hijo de Dios, Jesús el Cristo. Él crecería en su hogar, sería alimentado como si fuera propio hijo y criado para un propósito más allá de su comprensión o control. Este Jesús era totalmente Dios, y a su vez, completamente hombre.

Si la sola tarea de criar al Perfecto no fuera lo suficientemente aterradora, ¿Cómo crees que se habrían sentido si de pronto lo perdieran? Pues, de hecho, ocurrió.

José y María tenían la costumbre de ir a Jerusalén para la fiesta de la Pascua. Como cada año, una vez concluidas las festividades, regresaron a Nazaret. La historia narra que después de viajar un día completo se dieron cuenta de que Jesús, quien hasta ese momento contaba con tan solo 12 años, no iba con ellos. José y María ni siquiera habían completado su trabajo de crianza cuando de pronto, pierden a Jesús. Resulta que Él había decidido quedarse en Jerusalén para hacerles algunas preguntas a los líderes religiosos. E hizo esto sin haber pedido permiso. Al ponerse al tanto de cómo había ido su día, se dieron cuenta de que ninguno de los dos había visto a Jesús desde la mañana. Supusieron que estaba con otros familiares o compañeros de viaje dentro de la caravana. Sobra decir que este fue un momento de gran preocupación: ¡Habían perdido a Dios!

Transcurrieron tres días antes de poder encontrarlo. Imagino que como padres no eran muy distintos al resto de nosotros. De haber sido yo, lo primero que hubiera hecho sería enojarme conmigo mismo por no ser más responsable. Al encontrarle, me sentiría aliviado, pero encontraría a alguien más a quien culpar ⊠al mismísimo Jesús. Y parece que esto fue exactamente lo que José y María hicieron. *"Hijo, ¿por qué nos has hecho esto? —le dijo su madre—. Tu padre y yo hemos estado desesperados buscándote por todas partes."* (Lucas 2:48 NTV). Jesús fue la causa de su ansiedad, y depositaron la culpa directamente sobre Sus hombros. Una vez que sintieron alivio por encontrar al Hijo de Dios, comenzaron a sentirse desconcertados por Su falta de preocupación ante tal aflicción. "¿Por qué nos has hecho esto?" Sorprendentemente, en medio de los milagros y el extraordinario estilo de vida que exhibió en Su edad adulta, Jesús seguiría causando ansiedad.

Y es que su respuesta tampoco ayudó en nada. De hecho, desde nuestra perspectiva no tuvo ningún sentido. Jesús respondió: *¿Y por qué me buscaban? ¿Acaso no sabían que es necesario que me ocupe de los negocios de mi Padre?* (Lucas 2:49 RVC). ¿No es responsabilidad de los padres buscar a su hijo desaparecido? ¿Cómo habrían de saber dónde estaría? Esto implicaba que debían haber sabido que Su máxima prioridad en la vida era ocuparse de los asuntos del Padre. Jesús estaba diciendo que no necesitaban buscarle a Él. Él nunca se pierde cuando está encargándose de los negocios de su Padre. Una excelente respuesta que, ni José ni María entendieron.

El trabajo de los padres es enseñar a sus hijos. Hasta el día de hoy, la responsabilidad primordial de enseñar a los niños no recae en los hombros de la iglesia o del gobierno. Es la tarea sublime dada por Dios a los padres. Las demás instituciones pueden ayudar. Pero en esta situación inusual, a los padres les tocó aprender. Jesús acababa de revelar la prioridad de la Tierra desde la perspectiva del Padre. Esta misma *voluntad* tuvo algo que ver con la interacción de los dos mundos: el Cielo y la Tierra.

El Despertar al Propósito

No hay mayor privilegio que albergar al Dios mismo. Pero tampoco hay mayor responsabilidad. Todo lo concerniente a Él es extremo. Él es abrumadoramente bueno, impresionante al máximo, y terriblemente maravilloso en todos los aspectos posibles. Él es poderoso pero gentil, tanto agresivo como sutil, y perfecto cuando nos abraza en medio de nuestras imperfecciones. Y con todo lo anterior, muy pocos son conscientes de la tarea de albergar Su Presencia. Y se cuentan todavía menos quienes han dicho que sí.

La idea de alojar a Dios puede parecer extraña. Él es dueño de todo, incluyendo nuestros propios cuerpos. Y ciertamente no necesita nuestro permiso para ir a algún lado o hacer cualquier cosa. Él es Dios. Pero Él hizo la Tierra para la humanidad y la puso bajo nuestro encargo.

Si yo te rentara una casa, no entraría a ella sin una invitación, o al menos sin tu permiso. Nunca me verías en tu cocina tomando comida de tu refrigerador y preparándome una comidita. ¿Por qué? Porque, aunque es mi casa, está bajo tu cuidado o administración. Si bien puede haber propietarios que violen tales protocolos, Dios no es uno de ellos. Nos plantó aquí con un propósito. Y sin embargo, es un propósito que no podemos lograr sin Él. Nuestra verdadera naturaleza y personalidad nunca alcanzarán su plenitud sin su Presencia manifiesta. Aprender a hospedarlo a Él debe estar en el centro de nuestro llamado, y debe convertirse en nuestro enfoque para que podamos tener el éxito que Él desea que tengamos antes del regreso de Jesús.

En un momento nos descubrimos regocijándonos en la danza, con los brazos levantados y la cabeza en alto. Pero minutos después nos inclinamos y postramos, no porque alguien sugiriese que es la respuesta apropiada, sino porque el temor de Dios ha llenado el lugar. En un momento nuestras bocas están llenas de risa, pues hemos descubierto que *"en Su presencia hay plenitud de gozo"*. (Salmo 16:11 RVR). En el siguiente nos encontramos llorando sin razón alguna. Así es el caminar con Dios. Tal es la vida de quien se ha entregado asimismo para albergarlo a Él.

Su anhelo de colaboración está en el centro del asunto. Tal es Su corazón. Él es una persona, no una máquina. Anhela compañerismo. A Él le encanta amar.

Mi interés en la cada vez más creciente historia de un pueblo apto para llevar Su presencia se concentra en las siguientes áreas:

- ¿Qué le sucede a cada persona cuando Dios descansa sobre todos ellos?

- ¿Cuál es su responsabilidad en cuanto a resguardar esa Presencia?

- ¿Cuál es el impacto sobre el mundo que los rodea?

- ¿Cómo se revelan los caminos y la naturaleza de Dios en este encuentro?

- ¿Qué es posible para nosotros a través de su ejemplo?

El Honor Más Grande

Albergar a Dios nos llena de honor y placer, costo y misterio. Él es sutil y a veces silencioso. También puede ser extremadamente obvio, agresivo y abiertamente deliberado. Él es un invitado con plan y asuntos a tratar —de Padre a Hijo. Del Cielo a la tierra. Sigue siendo su mundo —y Sus propósitos se cumplirán. Esto nos

deja con una pregunta que aún debe ser respondida: ¿Qué generación Le albergará hasta que el reino de este mundo se convierta en
el Reino de nuestro Señor y Cristo? (Ver Apocalipsis 11:15)

NOTAS FINALES

1. El proceso sobre la historia de cómo se difundió la unción
   de la sombra sanadora de Pedro es solo una conjetura. El
   resultado no los es, y en última instancia, ese es el enfoque.

2

DE UN JARDÍN
A OTRO JARDÍN

Nuestra historia comienza con dos personas en un jardín. El jardín del Edén alcanzaba la perfección total, así como sus únicos dos ocupantes humanos, Adán y Eva. Ellos tenían un lugar único en toda la creación porque fueron hechos a imagen de Dios, lo cual, nunca antes había sucedido. Ninguna otra cosa tuvo ese lugar tan privilegiado en la existencia. Y, debido a esta semejanza, quienes fueron hechos a la imagen de Dios, gobernarían sobre la tierra y lo representarían tanto en personalidad como en función.

Adán y Eva fueron diseñados para gobernar como Dios. Los caminos de Dios muestran una visión muy diferente en comparación la forma de gobernar de nuestros días, y siempre tratará sobre reglas de protección y atribución de poder. Aun así, Adán, Eva y todos sus descendientes debían representar a Dios en la tierra ante el resto de la creación. Su posición sobre la tierra no era para sustituir a Dios, sino por causa de Dios. Dios venía por las tardes a caminar y a hablar con Adán y Eva. La posición de gobierno que ellos tenían fluía desde el lugar de intimidad que tenían con Dios, cara a cara.

La Tierra siempre le ha pertenecido a Dios, pero ahora los humanos se convirtieron en Sus delegados para gobernar en Su lugar. El Evangelio de Mateo registra el comentario de un centurión que nos da una excelente perspectiva sobre lo que significa ser una *autoridad delegada*. Cuando Jesús mostró interés para curar a su criado, el centurión respondió:

—*Señor, no merezco que entres bajo mi techo. Pero basta con que digas una sola palabra, y mi siervo quedará sano Porque yo mismo soy un hombre sujeto a órdenes superiores, y además tengo soldados bajo mi autoridad. Le digo a uno: "Ve", y va, y al otro: "Ven", y viene. Le digo a mi siervo: "Haz esto", y lo hace.* (Mateo 8:8-9).

Este líder militar romano se dio cuenta de que su autoridad venía de estar bajo autoridad. De la misma manera, en la medida en que el gobierno de Dios reine sobre nosotros, podremos liberar fluidamente los beneficios de su poderío. Su respuesta conmovió de tal forma a Jesús, que reconoció que dicha percepción daría lugar a una gran fe. Y también aplaudió su perspectiva, porque estaba arraigada en un reino que no era Roma, sino el Reino de Dios. Tal entendimiento es primordial para que la humanidad sea capaz de gobernar bien.

Dios creó todo para Su placer. Él miró por encima de todo lo que hizo y lo disfrutó. Pero su interacción con la humanidad fue diferente a todas las demás. Fue más bien personal y revelaba el beneficio más exuberante de haber sido creados a Su imagen. Un momento sublime en esta relación se reveló cuando Dios encargó a Adán la tarea de nombrar a todos los animales (ver Génesis 2:19). En la Biblia los nombres representan mucho más que en nuestra cultura. Un nombre representa la naturaleza, la esfera de autoridad y la gloria asignada a Su creación. Sea que Adán meramente reconociera lo que cada animal creado por Dios era o si fue él quien realmente asignó esos atributos al nombre asignado a cada uno, no se puede asegurar. La respuesta importa muy poco, ya que de cualquier manera Adán fue llamado a la escena de la creación como un co-laborador. En realidad, se le dio la responsabilidad para ayudar a definir la naturaleza del mundo en el que iba a vivir.

Esto revela el corazón de Dios de una manera tan hermosa. Dios no nos creó para ser robots. Fuimos hechos a su imagen como colaboradores, trabajando con Él para demostrar Su bondad sobre todo lo que Él hizo.

El Plan Revelado

Todo lo que Dios creó fue perfecto en todos los sentidos. Ni siquiera Dios podría mejorar su diseño, función o propósito. El jardín por sí mismo mostró el Cielo en la Tierra. Y la razón de la ubicación de un lugar tan extraordinario de paz y orden divino fue extrema—la rebelión de satanás trajo una cicatriz a lo que era una creación perfecta. Y ahora la paz, la sustancia de la atmósfera del cielo, habría de asumir una función militar. El desorden habría empañado la creación de Dios. Ahora era la luz contra las tinieblas, el orden contra el caos, y la gloria contra lo que es inferior, carente y hueco.

La primera comisión en las Escrituras se le da a Adán en el Jardín.

Sean fecundos y multiplíquense. Llenen la tierra y sométanla. Ejerzan dominio sobre los peces del mar, sobre las aves del cielo y sobre todo ser viviente que se mueve sobre la tierra (Génesis 1:28 NBLA).

Su responsabilidad inmediata era cuidar el jardín. Su máxima responsabilidad era mantener el mismo orden en el resto del planeta. La implicación era que fuera del jardín no existía el mismo orden que en el interior. Eso tiene mucho sentido cuando recordamos que la serpiente entró en el jardín para tentar a Adán y Eva. Ya estaba en el planeta.

Apocalipsis 12:4 habla del dragón arrojado a la tierra, barriendo un tercio de las estrellas con él. Es muy posible que este pasaje describa la caída de Satanás y su expulsión del Cielo. Su arrogancia le costó su lugar como uno de los tres arcángeles que servían a Dios en forma directa, siendo los otros dos Miguel y Gabriel. También sabemos que un tercio de los ángeles cayó con él, el mismo pasaje parece describirlo. El término "estrellas" podría representar a los ángeles mismos, o podría representar la medida de creación sobre la que tenían dominio y que ahora estaba bajo la influencia del mundo caído. El punto es que el reino de la oscuridad ya existía en la tierra antes de que Dios hiciera a Adán, a Eva y al jardín del Edén. Él creó orden en medio del desorden para que aquellos hechos a Su imagen pudieran representar bien a Dios al extender las fronteras del Jardín hasta que todo el planeta estuviera cubierto por el gobierno de Dios a través de Sus propios delegados.

Jamás, en ningún momento, Satanás ha significado una amenaza para Dios. Dios es supremo en poder y fuerza, belleza y gloria. Él es eterno con medidas ilimitadas en todo lo que es bueno. Él es increado… ¡siempre ha existido! Satanás está limitado en todos los sentidos. Dios le dio sus dones y habilidades como su propia creación. Nunca ha habido una batalla entre Dios y Satanás. Todo el reino de la oscuridad podría ser borrado para siempre con una palabra. Pero Dios eligió derrotarlo a través de aquellos hechos a Su propia semejanza, aquellos que adorarían a Dios por elección.

¡Brillante! Fue precisamente el tema de la adoración lo que provocó su rebelión desde el inicio.

Satanás quería ser adorado como Dios. Esa rebelión fue posible porque Dios le dio una voluntad. La tonta y egocéntrica elección que tomó Satanás le costó su posición de gobierno y, lo que es más importante, su lugar ante Dios en el Cielo. Su revuelta provocó ondas expansivas en el reino angelical, lo que terminó por arrastrar a un tercio de los ángeles con él a su fracaso.

Guerra Espiritual

Me intriga que Dios no le haya dado a Adán o a Eva instrucción alguna sobre la guerra espiritual. No hay ninguna enseñanza conocida sobre el poder del nombre de Jesús, ninguna instrucción sobre el poder de su alabanza a Dios, ni énfasis alguno en el poder de Su Palabra. Estas herramientas les beneficiarían enormemente más adelante en la historia. Pero en ese momento toda su vida se enfocaba en mantener el orden divino a través de su relación con Dios y la difusión de ese orden divino lo conseguían represento bien a Dios. Debían vivir responsablemente y ser productivos, tener hijos que tuvieran hijos, que tuvieran hijos, etc., y extender los confines del Jardín hasta que el planeta fuese abrigado por su gobierno. Todo esto fluía de su comunión con Dios, *caminando con Él en la frescura de la tarde*. Todo esto venía como producto de una relación. Satanás nunca fue el centro de atención. No necesitaba serlo, ya que carecía de autoridad. Hasta el momento no había un acuerdo con él.

Me preocupa el énfasis *excesivo* que ponen algunas personas en el tema de la guerra espiritual. El conflicto espiritual es una realidad que no debe ser ignorada, tanto es así que Pablo nos insta a conocer las maquinaciones del enemigo. (ver 2ª Corintios 2:11). Debemos estar atentos a sus instrumentos. Pero aun así, mi fuerza viene de vestirme con toda la armadura de Cristo. *¡Cristo es mi armadura!*

Adán y Eva, quienes vieron a Dios con mayor claridad, no recibieron instrucciones sobre la guerra espiritual, ya que su dominio repelió al enemigo de la misma forma que la luz ahuyenta las tinieblas, y sin oponer resistencia. No puedo darme el lujo de vivir reaccionando ante la oscuridad. De hacerlo, significaría que la oscuridad tendría un papel estelar en la agenda de mi vida. El diablo no es digno de tal influencia, ni siquiera en lo negativo. Jesús vivió en respuesta al padre y debo aprender a hacer lo mismo. Ese es el único ejemplo que vale la pena seguir.

Todas nuestras acciones provienen de una de dos emociones básicas: el miedo o el amor. Jesús lo hizo todo por amor. Mucho de lo conocido como guerra espiritual surge del miedo. A mí me ha pasado, y más de lo que me gustaría admitir. Nunca adoraríamos ni daríamos honor al diablo. Recuerda lo que sucede con el niño en busca de atención en el aula de clases, si no puede obtenerla por las buenas, seguro la conseguirá por las malas.

Al enemigo no le importa la atención negativa. Seguro se dejará perseguir todo el día en nombre de la "guerra espiritual", pero esa "guerra" es un lugar de debilidad. Dios nos llama a un lugar de fortaleza, e implica redescubrir nuestro lugar en el Huerto —*caminando con Él en la frescura de la tarde.*

Desde ese lugar de intimidad se experimenta la verdadera guerra espiritual. Quizá por esa razón David, el gran Rey y guerrero de Israel, escribió: *"Aderezas mesa delante de mí en presencia de mis angustiadores".* (Salmo 23:5 RVR). El lugar de compañerismo e intimidad con Dios es visto como la mesa del Señor, y aun así, está frente a sus enemigos.

Esta es una imagen realmente extraña. Pero hasta no entender este concepto, elevaremos la posición del diablo a un lugar equivocadamente superior. Este tipo de romance infunde terror en el corazón del diablo y sus huestes. En esta mesa de compañerismo, nuestra relación con Dios se profundiza y desborda en una vida de victoria, en conflicto con los poderes de las tinieblas.

La creación de la humanidad es, en cierto sentido, el comienzo de tal romance. Fuimos creados a Su imagen, con un sentido de *intimidad*, para que nuestro dominio sobre la tierra pudiera expresarse a través de una relación amorosa con Dios. Desde esta revelación de dominio a través del amor es que debemos aprender a caminar como Sus embajadores, derrotando así al "Príncipe de este mundo". El escenario estaba preparado para que todos los poderes de las tinieblas cayeran mientras Adán y Eva ejercían su divina influencia sobre la creación. Sin embargo, *ellos* cayeron.

El Propietario Perfecto

Satanás no podía entrar al Huerto del Edén para tomar posesión de Adán y Eva en forma violenta. Esa hubiera sido una cómica imposibilidad. Sin un acuerdo con el huerto, con Adán o con Eva, no tenía autoridad ni dominio. El dominio es poder. Y debido a que la humanidad recibió las llaves del dominio sobre el planeta, el diablo tendría que recibir esa autoridad de los humanos.

En este punto de la historia, su experiencia era muy parecida a la que Israel habría de experimentar más adelante, al ver pasar ante sus ojos la historia de su redención. Dios ya había concedido la Tierra Prometida a los hijos de Israel. En un instante todo les pertenecía a ellos. La herencia prometida. Pero podían poseer lo que eran capaces de administrar. La expresión del dominio de Dios fluía a través de ellos según la capacidad de su buen gobierno. Gobernaban bien, siempre y cuando fueran bien gobernados. Dios incluso les explicó por qué no quería dárselas de golpe —los animales salvajes se multiplicarían en contra suya (ver Éxodo 23:29; Deuteronomio 7:22). Ellos debían crecer para poseer su herencia en total plenitud.

El mismo principio aplica para nosotros hoy. Desde el Jardín de Edén, pasando por Israel y la Tierra Prometida, hasta los creyentes en esta misma hora; todo es nuestro. Pero lo que poseemos ahora va de acuerdo con nuestra capacidad para administrar, tal como Él lo haría. Muchos han concluido que nuestras carencias son voluntad de Dios, como si Dios hubiera diseñado que el Evangelio durante los tiempos modernos se viviera diferente al de los tiempos bíblicos. ¡Eso es absurdo! Estos siguen siendo tiempos bíblicos.

Ahora bien, de la misma manera, Dios les había entregado a Adán y Eva todo el planeta para que lo gobernasen y ellos solo poseían el Jardín del Edén. Siempre habrá una diferencia entre lo que tenemos en nuestra cuenta y lo que tengamos en nuestra posesión. El resto se rendiría bajo su dominio a medida que se multiplicaban, aumentando también su capacidad de representar bien a Dios. Esto habría de mostrarse a través de la manifestación de su dominio sobre todo el planeta. Ellos también debían crecer dentro de su propia herencia. Eran poseedores de todo por medio de una promesa. Pero su control debía crecer a la par de su madurez. Poseían únicamente lo que podían administrar bien.

Todo lo que el diablo podía hacer era hablar, ya que no tenía autoridad sobre Adán y Eva. Así fue que les sugirió comer del fruto prohibido, pues les haría igual a Dios. Y ellos escucharon. Adán y Eva intentaron ser como Dios, pero a través de la desobediencia. Y esa desobediencia les costó lo que ya era suyo por diseño —la semejanza a Dios. Cuando intentamos conseguir con esfuerzo lo que por gracia ya poseemos, voluntariamente nos sometemos al poder de la ley. Esto fue lo que el diablo pretendía al alinear a Adán y Eva a su favor, en oposición a Dios y empoderándose así mismo. A través de un común acuerdo se le permitió *robar, matar y destruir* (ver Juan 10:10). Incluso hoy es importante darnos cuenta de que Satanás tiene poder solo por medio de nuestro acuerdo.

La asignación de Adán y Eva para gobernar fue interrumpida al comer del fruto prohibido. Pablo escribió posteriormente: *"Ustedes son esclavos de aquel a quien obedecen"*. (Romanos 6:16) A través de su rebelión se convirtieron en posesión del padre de la rebelión. El dueño del esclavo se convirtió en el poseedor de todo lo que Adán tenía, incluyendo el dominio sobre el planeta. La posición de señorío de Adán se convirtió en un fragmento del botín del diablo. Ahora sería necesario el plan de redención de Dios: *"pondré enemistad entre ti y la mujer, y entre tu simiente y su simiente; Él te herirá en la cabeza, y tú le herirás en el calcañar."* (Génesis 3:15 LBLA). Jesús vino a recuperar todo lo que fue perdido.

El Intento de Satanás por Arruinarlo Todo

Jesús vino a la tierra por varias razones, sin embargo, al principio de la lista encontramos que Él habría de asumir el castigo por el pecado de la humanidad para recuperar lo que Adán entregó en forma tan descuidada. Lucas 19:10 dice que Jesús vino *"para buscar y salvar lo que se había perdido"*. Por causa del pecado la gente estaba perdida; como perdido estaba también su gobierno sobre la creación de Dios. Jesús vino a recuperar ambos.

Satanás siempre ha tratado de destruir al libertador, aún desde recién nacido. Sin dudarlo toma los decretos proféticos y los junta con sus planes para arruinar la intención de Dios de liberar a su pueblo. Fue el diablo quien inspiró la matanza de los bebés en Egipto en el nacimiento de Moisés. Fracasó, y Moisés se levantó para convertirse en un gran libertador. También inspiró a Herodes para asesinar a muchos bebés en Belén en un intento por matar a Jesús, el supremo libertador, y falló de nuevo (ver Mateo 2:16-18). Posteriormente intentó descarriar el plan de redención haciendo que el Hijo de Dios usara su propia autoridad para salvaguardar su vida. Este hecho sucedió al final del ayuno de 40 días de Jesús.

El diablo se apareció para incitar a Jesús a transgredir, al convertir una piedra en pan para saciar su hambre.

Curiosamente, Satanás sabía que Jesús tenía la habilidad para realizar ese milagro. Cuando Jesús declinó su idea, el diablo intentó hacerle fracasar definitivamente al pedir que lo adorara. Sabía que no era digno de la adoración de Jesús y que esto no era nada tentador. Pero también sabía que Jesús había venido a recuperar la autoridad que la humanidad había entregado. De hecho, se la ofreció de vuelta diciendo:

> *A ti te daré toda autoridad y la gloria de ellos; porque a mí me ha sido entregada, y la doy a quien yo quiero. Por esto, si tú me adoras, todo será tuyo.* (Lucas 4:6-8 RVA).

Observa con todo detenimiento la frase *"porque a mí me ha sido entregada"*. Satanás no pudo robar la autoridad. Le fue adjudicada cuando Adán renunció al dominio de Dios por una sentencia de muerte. Lo mismo sucedió cuando Esaú entregó su herencia (a largo plazo) para la gratificación (inmediata) de una comida (ver Génesis 25:29-34). Se trata del abandono de un llamado, un propósito y una herencia.

El diálogo entre Jesús y Satanás fue fascinante. Fue como si el diablo le dijera a Jesús: "Sé a lo que Tú has venido. Tú sabes lo que quiero. Adórame y te devolveré las llaves de autoridad por las que viniste". En otras palabras, fue como si el diablo le hubiera "guiñado el ojo". En ese momento, admitió saber por qué había venido Jesús. ¡Las llaves! Jesús solo se mantuvo en Su camino, rechazando la oportunidad de cualquier otro atajo a la victoria. Había venido a morir, y al hacerlo, reclamaría las llaves de la autoridad que Dios le dio a Adán en el huerto.

Todo el asunto de colocar al hombre en el Huerto fue crear el contexto bajo el que Satanás sería derrotado por el hombre. Dios en Su soberanía permitió que el diablo estableciera su gobierno en el planeta Tierra porque su intención era transportarle al juicio eterno a través de la humanidad. En concreto, esto sucedería a través de la fructificación que brota de la íntima colaboración entre Dios y hombre.

Después de que Adán y Eva pecaron, derrotar al diablo se convirtió en una tarea imposible, humanamente hablando. Por esta razón, fue necesario que Jesús no solo muriera en nuestro lugar, sino que también viviera su vida como un hombre, con nuestras mismas restricciones, limitantes, tentaciones, sentimientos, etc., de modo que Su vida victoriosa fuese la de un ser humano. No existe la posibilidad de ninguna competencia entre Dios y Satanás. Siempre se ha tratado del diablo y el hombre —quien fue creado a imagen de Dios. Jesús tuvo que vivir como hombre, sin ceder al pecado. Su muerte era valiosa pero solo si Él vivía sin pecado, porque el pecador merece morir. Él tenía que ser el Cordero sin mancha.

El Conflicto Final

Jesús es el Hijo eterno de Dios. Él no es un ser creado que de pronto ascendió a la divinidad, como afirman ciertos cultos. Él es enteramente Dios, enteramente hombre. Pero tanto Su vida como Su muerte fueron vividas como hombre. Esto significa que dejó a un lado Su divinidad para vivir como un hombre. Él no tenía pecado y dependía completamente del Espíritu Santo. Al hacerlo, se convirtió en un modelo que podríamos seguir. Si Él hubiera hecho Sus grandes milagros como Dios, aún estaría impresionado. Pero estaría impresionado como observador. Cuando descubro que los hizo como hombre, luego, de repente, me descubro completamente insatisfecho con la vida como la he conocido. Ahora me veo obligado a seguir a este Jesús hasta que las mismas cosas empiecen a suceder en mi vida.

Recuerda, no existe la posibilidad de ninguna competencia entre Dios y Satanás. El diablo no es nada comparado con el Todopoderoso. La batalla sería entre el diablo y el hombre, este que fue creado a imagen de Dios. Cuando el pecado entró en la condición humana, se hizo necesario que el Hijo de Dios se hiciera hombre para luchar por nosotros. Sería una pelea inusual. Primero, mostraría autoridad absoluta sobre los poderes de las tinieblas curando y liberando a cada persona que venía a él. En segundo lugar, viviría victoriosa y puramente.

No habría pecado alguno que embelesara a Jesús porque nada había en Jesús que valorara el pecado. En tercer lugar, Él usó Su autoridad solo para servir a los demás. Él no usó su poder para Él mismo. Y finalmente, hizo lo impensable: se entregó a sí mismo para morir en nuestro lugar. Vaya forma de ganar una guerra, pero eso fue clave. Al hacerlo, se entregó por completo para llevarle salvación a toda la humanidad. Porque no pudo si siquiera levantarse Él mismo de los muertos —¡Se había convertido en pecado! (Ver 2 Corintios 5:21). Dependió de Dios para resucitarlo de entre los muertos de la misma forma que dependemos de Dios para salvarnos una vez que creemos. No podemos salvarnos a nosotros mismos. Incluso la fe que trae salvación es un regalo de Dios.

El conflicto final sucedió entre Satanás y Jesús el hombre. Al entregarse Él mismo para morir en nuestro lugar, cumplió con todos los requisitos de la Ley para consumar la muerte del pecador —*"el alma que pecare, esa morirá"* (Ezequiel 18:20 RVR). No solo murió por nosotros, murió *como* nosotros.

La Ignorancia de Satanás

Una de las hermosas verdades pasada por alto muy a menudo, es que en su mejor día, el diablo solo puede jugar a la manera de Dios. Conociendo el odio del diablo por la humanidad, y sabiendo su odio por el Hijo de Dios, fue fácil arreglar que el diablo crucificara a Jesús. Es importante destacar que el diablo no le quitó la vida a Jesús. Jesús la dio (ver 1 Juan 3:16). En numerosas ocasiones los líderes religiosos planearon matar a Jesús, pero Él tenía la costumbre de desaparecer mientras lo perseguían. No era el momento adecuado para morir. Cuando el momento adecuado llegó, se dio a sí mismo como una oveja para ser sacrificada. Si el diablo hubiera sabido que matar a Jesús el Cristo (el Ungido) haría posible que millones de "ungidos" llenasen la tierra como el fruto de la muerte de Jesús, nunca lo hubiera crucificado.

> *En cambio, hablamos con sabiduría entre los que han alcanzado madurez, pero no con la sabiduría de este mundo ni con la de **sus gobernantes, los cuales terminarán en nada.** Más bien, exponemos el misterio de la sabiduría de Dios, una sabiduría que ha estado escondida y que Dios había **destinado para nuestra gloria** desde la eternidad. Ninguno de los gobernantes de este mundo la entendió, porque de haberla entendido no habrían crucificado al Señor de la gloria.* (1 Corintios 2:6-8).

Hay cuatro cosas que debemos tener en cuenta en estos versículos. Por ello los resalté en *negritas*. Primero, mira el hecho de que los gobernantes de este siglo terminarán en nada, lo que significa que están siendo "abolidos". En segundo lugar, la sabiduría de Dios es un misterio, escondido hasta que Él elige revelarlo. En tercer lugar, el propósito del misterio revelado ¡es para nuestra gloria! Y finalmente, la clave para darnos cuenta del potencial de este misterio ¡es la crucifixión de Cristo! La muerte sobre la Cruz hizo posible que la humanidad llegara a un lugar con Dios que había estado escondido durante siglos, un lugar donde la humanidad, que no es independiente de Dios, sino completamente dependiente de él, llega a la gloria. Este portentoso logro es por causa de la Cruz. La muerte de Cristo es algo que Satanás nunca hubiera buscado de haberse percatado del resultado.

La Absoluta Victoria

Piénsalo: Jesús no solo murió *por* nosotros, murió *como* nosotros. Él se convirtió en pecado, nuestro pecado, para que pudiéramos llegar a ser la justicia de Cristo (ver 2 Corintios

5:21). Siendo ese el caso, Su victoria es nuestra victoria. Al recibir la obra de Cristo en la Cruz para la salvación, por medio de la fe, somos injertados dentro de la victoria personal de Jesús sobre el pecado, el diablo, la muerte y la tumba. Jesús venció al diablo con Su vida sin pecado, derrotándolo en Su muerte, pagando por nuestros pecados con Su sangre, y nuevamente, en la resurrección, enalteciéndose triunfante con las llaves de la autoridad sobre la muerte y el infierno, así como todo lo demás que Dios originalmente proyectó para el hombre y que se revelará en los siglos venideros. Jesús, Él victorioso, declaró: *"Toda autoridad me ha sido dada en el cielo y en la tierra. Por tanto, vayan..."* (Mateo 28:18-19). En otras palabras: *¡recuperé las llaves! Ahora úsenlas y recuperen a la humanidad.*

Es en este momento que Jesús cumple la promesa que Él dio a Sus discípulos cuando dijo: *"Les daré las llaves del reino de los cielos".* (Mateo 16:19). Dios nunca canceló el plan original. Solo podría realizarse por completo y de una vez por todas, después de la resurrección y ascensión de Jesús. Algo más para tener en cuenta: Si Jesús tiene toda la autoridad, entonces el diablo ¡carece de ella! Entonces, se nos ha restaurado por completo a la asignación original de gobernar como un pueblo hecho a su imagen, gente que puede aprender a hacer cumplir la victoria obtenida en el Calvario: *"El Dios de paz pronto aplastará a Satanás bajo los pies de ustedes".* (Romanos 16:20).

Su pueblo debe manifestar la belleza de Su gobierno ante un mundo incrédulo. Hemos sido elegidos para este propósito. No porque somos mejores, sino porque nos enlistamos para la lucha final. Él recluta a todos los que están *dispuestos* a aprender a llevar Su presencia hasta que todo cambie.

El Diseñador tiene Corazón

Todo lo que Dios creó fue hecho para Su placer. Él es un Dios de alegría extravagante. Disfruta todo lo que hizo. La humanidad tiene un lugar único en Su creación, puesto que, somos la única parte de Su creación hecha realmente como Dios. El propósito de la semejanza fue tener compañerismo; comunión íntima. A través de la relación con Dios, los mortales serían injertados en Su pasado eterno perfecto para obtener mediante la promesa un eterno futuro perfecto. El reino de las imposibilidades podría incluso ser transgredido por aquellos creados para ser como Él. *"¡Para el que cree todo es posible!"* (Marcos 9:23). A ninguna otra parte de la creación ha se le ha dado acceso a esa dimensión. Hemos sido invitados a un "lugar" conocido solo por Dios.

El corazón de Dios debe celebrarse justo en este punto: Él anhela un compañerismo. Él arriesgó todo para tener ese tesoro único —aquellos que lo adorarían, no como máquinas, no a través de órdenes, sino como fruto de una relación.

El Plan Definitivo

Fuimos diseñados para gobernar como Dios gobierna, en generosidad y bondad, no en forma egoísta, sino siempre por el bienestar superior de los demás. Debemos gobernar sobre la creación, sobre las tinieblas, para saquear los poderes de las tinieblas y establecer el reinado de Jesús donde quiera que vayamos predicando el Evangelio del Reino. *Reino¹* significa "dominio del Rey". En el propósito original de Dios, la humanidad debía gobernar sobre la creación. Pero entonces, el pecado entró a nuestro dominio, redefiniendo nuestra tarea para afectar así a la eternidad. Debido al pecado, la creación ha sido infectada por las tinieblas —enfermedades, dolencias, aflicción de espíritu, pobreza, desastres naturales, influencia demoníaca, etc. Si bien, nuestro gobierno debe dominar la creación, éste se ha enfocado en exponer y deshacer las obras del diablo. Ese es el ministerio de Jesús que heredamos en Su comisión. Ese es el esperado fruto de la Vida cristiana. Si tengo un encuentro de poder con Dios, el cual estamos obligados a buscar, entonces estoy equipado para procurárselo a otros. Este es el ministerio de Jesús —usar el poder y la autoridad de Dios para llevar a cabo el ministerio de Jesús, del modo en que Jesús lo hizo. La invasión de Dios sobre situaciones imposibles viene a través de un pueblo que ha recibido poder de lo alto y ha aprendido a liberarlo sobre las circunstancias de la vida.

El corazón de Dios está a favor de la colaboración con Su semejanza creada. Es el Rey supremo al que le encanta empoderar. Su corazón, desde el primer día, era tener un pueblo que viviera como Él, amase como él, crease y gobernase como Él. Desde el día uno, el deseo de Dios ha sido estar con Su creación, como el dueño de la casa a quien invitamos para evidenciar nuestra capacidad creciente para gobernar, conformando nuestro mundo al Suyo. En Su mundo, Su gloria es el centro. Mientras más siervos gozosos del Altísimo Dios transporten Su Presencia hacia toda la tierra, mejor posicionados estaremos para evidenciar uno de los principales hitos del cielo —toda la Tierra llena con la gloria del Señor.

El Mayor Desafío

Nuestra historia comenzó en un jardín. Dios caminó con Adán a la brisa de la noche. Amistad. Comunión. Compañerismo. Colaboración. Pero terminó a causa del pecado. Pero luego empezó de nuevo, y esta vez también en un jardín.

*En el lugar **donde crucificaron a Jesús había un huerto**, y en el huerto un sepulcro nuevo en el que todavía no se había sepultado a nadie. Como era el día judío de la preparación, y el sepulcro estaba cerca, pusieron allí a Jesús. El primer día de la semana, muy de mañana, cuando todavía estaba oscuro, María Magdalena fue al sepulcro y vio que habían quitado la piedra que cubría la entrada. Así que fue corriendo a ver a Simón Pedro y al otro discípulo, a quien Jesús amaba, y les dijo:*

—¡Se han llevado del sepulcro al Señor, y no sabemos dónde lo han puesto! Pedro y el otro discípulo se dirigieron entonces al sepulcro. Ambos fueron corriendo, pero, como el otro discípulo corría más aprisa que Pedro, llegó primero al sepulcro. Inclinándose, se asomó y vio allí las vendas, pero no entró. Tras él llegó Simón Pedro, y entró en el sepulcro. Vio allí las vendas y el sudario que había cubierto la cabeza de Jesús, aunque el sudario no estaba con las vendas, sino enrollado en un lugar aparte. En ese momento entró también el otro discípulo, el que había llegado primero al sepulcro; y vio y creyó. Hasta entonces no habían entendido la Escritura, que dice que Jesús tenía que resucitar. Los discípulos regresaron a su casa, pero María se quedó afuera, llorando junto al sepulcro. Mientras lloraba, se inclinó para mirar dentro del sepulcro, y vio a dos ángeles vestidos de blanco, sentados donde había estado el cuerpo de Jesús, uno a la cabecera y otro a los pies. —¿Por qué lloras, mujer? —le preguntaron los ángeles. —Es que se han llevado a mi Señor, y no sé dónde lo han puesto —les respondió. Apenas dijo esto, volvió la mirada y allí vio a Jesús de pie, aunque no sabía que era él. Jesús le dijo: —¿Por qué lloras, mujer? ¿A quién buscas? Ella, pensando que se trataba del que cuidaba el huerto, le dijo: —Señor, si usted se lo ha llevado, dígame dónde lo ha puesto, y yo iré por él. —María —le dijo Jesús. Ella se volvió y exclamó: —¡Raboni! (que en arameo significa: Maestro). —Suéltame, porque todavía no he vuelto al Padre. Ve más bien a mis hermanos y diles: "Vuelvo a mi Padre, que es Padre de ustedes; a mi Dios, que es Dios de ustedes" (Juan 19:41; 20: 1,11-17).

En un sentido muy real, Jesús nació dos veces. La primera vez fue Su nacimiento natural a través de la Virgen María. La segunda fue Su resurrección.

Pero Dios lo levantó de entre los muertos... Nosotros les anunciamos a ustedes las buenas nuevas respecto a la promesa hecha a nuestros antepasados. Dios nos la ha cumplido plenamente a nosotros, los descendientes de ellos, al resucitar a Jesús. Como está escrito en el segundo salmo: "Tú eres mi hijo; hoy mismo te he engendrado" (Hechos 13:30, 32-33).

En este pasaje vemos que Su resurrección fue realmente considerada un nacimiento —el primogénito entre los muertos (ver Col. 1:18; Ap. 1: 5). No fue el primero en resucitar. Él mismo levantó muchos. Él fue el primero en resucitar de entre los muertos para *nunca más morir*. Nuestra conversión sigue la misma línea: El ADN de Su resurrección es nuestro ADN. Él es la primicia de quienes duermen (ver 1 Corintios 15:20). Los primeros frutos llegan al comienzo de la cosecha. ¡Este término indica que Su resurrección de entre los muertos profetizó una gran cosecha en la misma semejanza a la de Su resurrección! Nosotros somos esa cosecha. Y esa cosecha perdura y se agranda hasta Su regreso.

Una de las partes más fascinantes de esta historia ilustra lo que yo creo que es el tema central de la Escritura, y por lo tanto el propósito de este libro. Se trata de la Presencia.

La primera persona que tocó a Jesús en su nacimiento natural fue obviamente María, la virgen. Pero, ¿Quién le tocó primero en su segundo nacimiento: Su resurrección de entre los muertos? ¡María Magdalena, quien fue liberada de siete demonios y sanada de sus dolencias! (ver Marcos 16:9) La Virgen María, quien representa a la pureza y a todo lo que es correcto, le dio a Jesús la bienvenida al mundo para que cumpliese Su papel dentro de la Ley, convirtiéndose así en el sacrificio perfecto. María Magdalena, quien había estado enferma y atormentada por espíritus inmundos, representa las incontestables necesidades del espíritu, el alma y cuerpo. Ella le dio a Jesús la bienvenida al mundo como edificador de una familia proveniente de los más impuros y descalificados.

La Virgen presentó a Aquel que cerraría la dispensación del Ley. La atormentada introdujo a Jesús hacia el tiempo de la gracia en donde todos seríamos bienvenidos.

En el primer jardín, la presencia se dio por sentado. Dios se paseó por el jardín una vez más después de que Adán y Eva comieron del fruto prohibido. Sus ojos se abrieron a su condición y cubrieron sus cuerpos con hojas de higuera para ocultar su desnudez. Luego se escondieron del mismísimo Dios (ver Génesis 3:8). Esa fue la última vez que oímos acerca de Dios caminando por el huerto para estar con el hombre.

En este jardín, María se aseguraría de no repetir ese error. Ella se aferró al Cristo resucitado y no quiso dejarlo ir, hasta que Jesús le informó que ni siquiera Él había ascendido al Padre todavía (ver Juan 20:17). La promesa de Jesús de enviar al Espíritu Santo ahora tendría que asumir una expresión muy práctica para esta que quería tener más de Dios. Ella había encontrado lo tan anhelado —la Presencia de Dios.

NOTAS FINALES

1. La palabra en inglés para Reino es Kingdom, que significa "dominio del Rey (King's domain).

3

La Mentira de la Insignificancia

Después de que Dios le dio a Moisés una asignación sumamente imposible, Moisés le preguntó a Dios, *"¿Quién soy yo?"* (Éxodo 3:11). Desde entonces la misma pregunta se ha hecho incontables veces. Cada vez que nos miramos a nosotros mismos, compramos la mentira de la insignificancia. Moisés sabía que carecía de todas las cualidades necesarias que debía tener para ser usado por Dios para algo tan significativo como conducir al pueblo mismo de Dios, de la esclavitud hacia la libertad. Cuando Dios escoge a cualquiera de nosotros para algo como esto la misma pregunta debería venir a nuestra mente. Es decir, sucederá si vemos el llamado de Dios correctamente. Pero Dios, quien conocía a Moisés íntimamente, no estaba preocupado ni impresionado con quién Moisés era o no era. Digamos que no le era esencial. *"Yo estaré contigo"* fue la respuesta de Dios (Éxodo 3:12).

Inicialmente, parece que Dios ignoró el "¿Quién soy yo?" de Moisés. Aunque quizás no lo hizo. Pareciera como si estuviera dejando que Moisés supiera que la plenitud de su identidad no estaba en sus habilidades, entrenamiento ni popularidad. No fueron sus dones... ni siquiera su unción. Todo se reducía a una cosa: "Tú eres con quien quiero estar". ¿Qué quién era Moisés? El tipo con el que a Dios le gustaba estar. Quizá Moisés no tenía idea de quién era. Pero Dios sabía *a quién le pertenecía.*

Tanto las calificaciones como la importancia se ven diferentes aquí en Tierra, en comparación con la perspectiva del Cielo. Así como la humildad precede a la exaltación, la debilidad nos califica para la fuerza. De esta forma, empeñarse para obtener trascendencia puede poner en peligro nuestra elegibilidad. Cuando Jesús quiso ser bautizado en agua por Juan, Juan sabía que no estaba calificado (ver Mateo 3:14). Lo que te hace apto es estar dispuesto a cumplir con aquello para lo que no estás calificado. Y lo mismo le pasó a Moisés. El factor decisivo en la evaluación de Moisés fue incluso más allá de su voluntad a la obediencia. Todo se redujo a una cosa: Quién le acompañaría.

Un Viaje Más Allá de la Razón

Muchos, si no es que la mayoría de los judíos, ponen a Moisés en el lugar más alto de respeto en comparación con cualquier otro individuo en su historia. Y por una buena razón. Les trajo la Ley (la Palabra de Dios), los condujo a través del desierto y hasta su heredad, e igual de importante desde mi perspectiva, modeló cómo se rinde una vida. Sus encuentros con Dios presentan un sello distintivo.

Moisés fue la respuesta de Dios al clamor de Israel para su liberación. Dios a menudo responde a las oraciones de su pueblo levantando a la persona a quién Él favorece.

*Y **oyó Dios el gemido de ellos, y se acordó de su pacto con Abraham, Isaac y Jacob.** Y miró Dios a los hijos de Israel, y **los reconoció Dios.** (Éxodo 2:24-25 RVR).*

El siguiente versículo dice: "*Cierto día Moisés...*" Dios hizo lo mismo muchos años después para convertir a David en rey de Israel.

*Con esto David se dio cuenta de que el Señor, **por amor a su pueblo, lo había establecido a él como rey sobre Israel y** había engrandecido su reino (2 Samuel 5:12).*

David experimentó el favor de Dios en formas extraordinarias, todo por Su intencionado "efecto derrame", aunque en el Reino de Dios, el flujo no disminuye a medida que cae. Cuando Salomón se convirtió en rey, habló de la bendición de Dios sobre Israel porque estaban llenos de gozo y júbilo como resultado de la elección de Dios por David como su líder.

*Al final, Salomón despidió al pueblo, y ellos bendijeron al rey y regresaron a sus casas, **contentos y llenos de alegría** por todo el bien que el Señor había hecho en favor **de su siervo David y de su pueblo Israel** (1 Reyes 8:66).*

El punto es este: Dios a menudo elige a las personas sabiendo que son la clave para tocar la vida de otras personas. Quien lee este libro fue elegido primero por el amor de Dios. El amor de Dios por ti. Pero no te equivoques. Estás en una posición única en este mundo debido al clamor de otras personas. Su favor está sobre ti para que puedas ser parte de Su plan para distribuir ese mismo favor a otros.

Cuando la escritura dice "*y los reconoció Dios*", usó la palabra hebrea *yada*, que se usa a veces para describir relaciones íntimas. Es la palabra que significa *conocer*. Pero es más que la captación de un concepto mental. Enfatiza *la experiencia* como parte esencial del *conocimiento*. Dios reconoció a Israel al prepararlos para convertirse en una nación que Dios conocería, para que en la misma forma, reconocieran a su Dios por experiencia. Les puso en un lugar de extremo favor levantando a un hombre de extremo favor. Lo que estaba a punto de hacerle a Moisés, planeaba hacerlo *a través* de Moisés —darle trascendencia a una nación a través de una adoración real. Un lugar de profunda intimidad con Dios estaba a punto de abrirse en una forma que nunca había sido experimentada por un hombre, y mucho menos por una nación. Dependería de Israel aprovechar tal invitación.

El Hombre Más Allá de la Razón

Moisés vivió 120 años —40 años en la casa del faraón criado como un hijo, 40 años en el desierto dirigiendo ovejas, y 40 años llevando a Israel a la Tierra Prometida. Si sus primeros 80 años no fueron lo suficientemente extremos, pasando del palacio hasta el desierto, los últimos 40 años seguro lo fueron: éxitos y fracasos, apariciones y encuentros con Dios seguidas de terribles encuentros con el reino demoniaco, la adoración de dioses falsos con la consecuente actividad maligna. Tan solo su conversación con el faraón es suficiente para escribir un libro. De hecho, Dios le dijo a Moisés: *"Yo haré que para el faraón parezcas como Dios"* (Éxodo 7:1 NBLA). Esa es una gran declaración para que Dios se la diga a alguien. A diferencia de todos los que le precedieron, Dios se dispuso a actuar tal y como Moisés hiciera y/o declarara. Es muy raro encontrar a Dios dispuesto a hacerse tan vulnerable a un hombre. Pero en Su corazón está el tener ese tipo de relación con el hombre. Toda relación significativa precisa de tal vulnerabilidad.

Moisés estaba a punto de convertirse en un prototipo. De nadie más dijo Dios: *"Desde entonces, ningún profeta se ha levantado en Israel como Moisés, **a quien el Señor conoció cara a cara**"* (Deuteronomio 34:10 NBLA, énfasis mío). Aquí Moisés está tomando su lugar en la historia junto a Abraham, a quien Dios llamó Su amigo. Aunque la descripción que tiene para Su relación con Moisés implica un poco más de intimidad: *cara a cara*.

Dios nos atrae a nuestros destinos al revelarse a sí mismo ante nosotros. Es el Espíritu de revelación en donde más importa. Tal revelación crea más hambre en nosotros —hambre que solo puede satisfacerse con Él. La revelación llega pieza a pieza, capa tras capa, de generación a generación. Moisés entró en una dimensión de Dios completamente nueva para la humanidad.

En otra ocasión, Dios habló con Moisés y le dijo: «Yo soy el Señor. Me aparecí a Abraham, a Isaac y a Jacob bajo el nombre de Dios Todopoderoso, pero no les revelé mi verdadero nombre, que es el Señor. (Éxodo 6:2-3).

Dios se reveló a Moisés de una manera que ni siquiera Abraham, el padre de la fe, recibió. Y Dios le daba a conocer a Moisés el lugar favorecido en el que había entrado. Cada incremento de comprensión es tanto una invitación a la relación como un nuevo nivel, mismo que deberá sostener la siguiente generación.

Lo secreto le pertenece al Señor nuestro Dios, pero lo revelado nos pertenece a nosotros y a nuestros hijos para siempre, para que obedezcamos todas las palabras de esta ley (Deuteronomio 29:29).

En otras palabras, Moisés heredó la revelación de la naturaleza de Dios que Dios mismo le había dado a Abraham. Ya sabía que Dios era Él Todopoderoso. Pero ahora Moisés recibiría una visión adicional que daría forma al futuro total de Israel. Dios se reveló a Sí mismo como Señor, que se traduce en *Yhvh*, o *Jehová*, el nombre propio del Dios de Israel. Este sería el nombre con el que Dios sería conocido a partir de este momento por Su pueblo escogido.

Inicialmente, la revelación sirve para la relación, pero en última instancia, sirve para la transformación de nuestras vidas. Somos transformados por medio de la renovación de nuestra mente (ver Romanos 12:2). Y personas transformadas transforman las ciudades.

Dios no está tan interesado en nuestra mayor comprensión de conceptos si no hay un correspondiente incremento en la relación. Cuando Dios nos da revelación, Él nos da también acceso a un nuevo lugar de experiencia —conocerle a Él. "... *Que conozcan ese amor que sobrepasa nuestro conocimiento, para que sean llenos de la plenitud de Dios."* (Efesios 3:19). Este pasaje dice que podemos saber, por experiencia, lo que supera al conocimiento o más concretamente, a la comprensión.

El papel de Moisés fue sin duda aterrador. Pero él era único; único en el sentido de que respondió a Dios como pocos lo han hecho en la historia. Mi entrenador de fútbol lo habría descrito como alguien que dio el 110 por ciento, más de lo que es siquiera posible. En este contexto se me viene a la mente el pasaje que dice: *"muchos son los llamados, pero pocos los escogidos".* (Mateo 22:14 RVA). Su respuesta a Dios le sacó de una posición de *mera posibilidad a una posición altamente favorecida.* Así que gran parte del incremento de favor que recibimos de Dios viene realmente de lo que hemos hecho con el favor que ya tenemos. Moisés había sido llamado, pero ahora fue elegido. Él fue uno de los que tomó lo que Dios le ofreció, para correr con lo que algunos podrían calificar como *imprudente abandono.*

Recuerda, a Dios le gustaba estar con Moisés. Y, ¿qué asignación le encomendó? Sabemos que sacaría a Israel de Egipto, de la esclavitud a la libertad. Pero ¿cuál fue realmente el punto medular de la tarea? *"Deja ir a mi pueblo para que me sirva..."* Lo que se repite numerosas veces (ver Éxodo 7:16; 8:1,20; 9:1,13; 10: 3). La palabra *servir* también se usa para la palabra "adoración". Israel tiene una imagen maravillosa que resulta de la combinación entre el trabajo y la adoración en su experiencia, esa imagen es muy rara en el entendimiento de la iglesia hoy día. El enfoque específico de este llamado fue que Moisés sacara a Israel de la cautividad de Egipto hacia otro lugar para que pudieran adorar a Dios con sacrificios. Es sumamente oportuno que aquel que tuviera tal asignación, algún día se convirtiera en el hombre *cara a cara.*

Presencia y Adoración

El rey David descubriría más tarde algunas cosas sobre la respuesta de Dios a la adoración que no se conocían en la época de Moisés. Cada generación tiene un acceso mayor que la anterior. Se conoce como la ley del interés compuesto de Dios. Específicamente, David reconoció la respuesta de Dios a las alabanzas de Su pueblo. Dios responde con Su Presencia: Él aparece. Este llamado de Dios sobre la nación de Israel implicaba salir de Egipto para adorar. Estaban por convertirse en un pueblo que sería conocido por la Presencia de Dios. Él mismo se convertiría en el factor distintivo.

En el corazón de Dios estaba que Su nación entera, Israel, se volvieran sacerdotes. De hecho, le ordenó a Moisés que le señalara a Israel su deseo. *"ustedes serán para mí un reino de sacerdotes y una nación santa"* (Éxodo 19:6). Los sacerdotes ministran a Dios. El plan de Dios de tener al pueblo de Su Presencia ya se había echado a andar.

La adoración es poderosa por muchas razones. Una de las más importantes es que siempre nos transformamos en Aquel a quien adoramos. Este concepto por sí mismo elevaría a Israel a niveles nuevos. Pero este llamado directo de Dios sobre la nación de Dios no pasaría desapercibido.

El diablo le tiene mucho miedo a un pueblo adorador. De hecho, no le preocupa la adoración autocomplaciente, ya que parece funcionar en contra de la adoración poderosa y verdadera: insensibiliza nuestros sentidos al Espíritu Santo de Dios. Funciona en forma opuesta a los efectos de una adoración apasionada y completa. La adoración autocomplaciente es una paradoja contradictoria.

La estrategia de Satanás contra el pueblo de Dios y su llamado a ser íntimos no pudo haber sido más clara al revelar sus maquinaciones a través de las palabras del faraón:

¡De acuerdo! Vayan y ofrezcan sacrificios a su Dios, pero háganlo aquí, dentro del reino (Éxodo 8:25).

Lo conveniente y el sacrificio no pueden coexistir. El ir es un sacrificio, y un pueblo que no es sacrificial no le merece la más mínima importancia al diablo. El enemigo sabe que hay poder en la ofrenda y hará todo lo que pueda para distraernos, para que evitemos darla. A veces no llegamos a nuestro destino porque suplicamos que suceda justo donde estamos, dentro de lo razonable, e involucrándonos mínimamente. A menudo no podremos alcanzar nuevos niveles de adoración hasta que no lleguemos a un nuevo lugar con Dios. A través de los años, he escuchado a tanta gente decir, "Si es la voluntad de Dios moverse poderosamente en mi vida (o iglesia), Él sabe que tenemos hambre y Él sabe en dónde estamos". ¡Qué insensatez! Él no es un mensajero cósmico, saltando por todo el universo para cumplir todos nuestros deseos. Él tiene un plan. Y debemos movernos hacia Su plan. Los sabios todavía viajan, tanto literalmente, como en sentido figurado.

Voy a dejarlos ir... con tal de que no se vayan muy lejos. (Éxodo 8:28).

El miedo al fanatismo ha mantenido a muchos creyentes alejados de su destino. ¡La única forma de seguir al que murió en la cruz en nuestro lugar es reflejar Su devoción! El Dios Extremo está llamando a los extremos para que vengan y lo sigan. Él cambiará al mundo con ese grupo. Lo profundo todavía llama a lo profundo —lo insondable de Dios todavía busca personas que tengan una profundidad similar en sus corazones para responderle a Él de igual forma (ver Salmo 42:7). ¿No fue acerca de la persona sin profundidad de quien Jesús nos advirtió en la parábola de la semilla y el sembrador? *"... pero, como no tiene raíz, dura poco tiempo. Cuando surgen problemas o persecución a causa de la palabra, en seguida se aparta de ella"* (Mateo 13:21).

> *Si realmente quieren adorar a su Dios, vayan sólo los hombres.* (Éxodo 10:11 TLA).

Nada se opone tan ferozmente a los poderes de las tinieblas como la ofrenda unificada a Dios proveniente de varias generaciones. Este es uno de los lugares donde vemos la dinámica del misterio del interés compuesto en las cosas del Espíritu. El hecho de que el diablo se esfuerce tanto por dividir a las familias y desmembrar las generaciones debe servirnos como testimonio de su importancia. Se ha hecho exageradamente común que un solo miembro de la familia se destaque como *el espiritual*, mientras el resto se da a conocer por su mediocridad. Trágicamente, *el espiritual* se enorgullece con frecuencia, lo que a su vez trae división, o esté baja el nivel de su pasión, para ajustarse al mínimo común denominador familiar. Ninguna de las dos rutas es eficaz.

"¿Quién Soy?"

Arde con pasión pase lo que pase, pero mantén la humildad, siendo el servidor de todos. El impulso ganado a través del trabajo conjunto de generaciones crea tal riqueza espiritual que hace que en verdad, nada sea imposible para quienes creen.[1] Incluso la unidad *fuera* de Cristo es poderosa. Consideremos a Babel.

Luego dijeron: "Construyamos una ciudad con una torre que llegue hasta el cielo. De ese modo nos haremos famosos y evitaremos ser dispersados por toda la tierra"... y se dijo: "Todos forman un solo pueblo y hablan un solo idioma; esto es solo el comienzo de sus obras, y todo lo que se propongan lo podrán lograr (Génesis 11:4,6).

Cuando agregamos el poder sobrenatural del Cristo resucitado a un pueblo unido a su propósito y unido entre sí, nada de lo que se propongan hacer les resultará imposible.

Vayan y rindan culto al Señor. Llévense también a sus hijos, pero dejen atrás sus rebaños y sus ganados (Éxodo 10:24).

Este versículo dice mucho. En este punto, incluso el diablo estaba dispuesto a renunciar a su siguiente plan —influenciar y controlar a sus niños— si solo tuviera el control su dinero. El nuevo Testamento revela el poder de este asunto, diciendo que la *codicia es idolatría* (ver Colosenses 3:5). ¿Qué tipo de ofrenda significativa podría darle a Dios, que no incluya mi dinero o posesiones? Nada que impresione. Ofrendar lo conveniente protege la forma, el ritual y hasta la imagen. Ninguna de estas cosas presenta una amenaza para el diablo. Él incluso asistirá a las reuniones donde no existan tales prioridades. Y extrañamente, pasará inadvertido. La verdadera adoración involucra todo mi ser. Es física, emocional, espiritual, intelectual y financiera. Involucra mis relaciones y mi familia, y tiene un gran impacto en los límites que he establecido sobre cómo quiero vivir. La adoración tiene un enfoque completo —Dios y Su valor. Todo realmente se trata de Él. Se trata de Su Presencia. Israel, una generación de esclavos en este punto, fue llamada a grandeza. Y su primer paso hacia tal grandeza fue adorarlo a Él en forma extravagante.

Vayan y sirvan al Señor como han dicho. (Éxodo 12:31 RVA).

Cada plaga, cada acto de violencia y oposición a los enemigos de Dios, sencillamente muestran a un Dios que no escatima en gastos para conservar lo que es importante para Él: Un pueblo íntimo que adora. Mike Bickle lo dice mejor: *todos los juicios de Dios están dirigidos a aquello que interfiere con el amor.* Pero esto no termina aquí. Hemos visto que las personas están llamadas a poner todo en juego cuando buscan seguir a Dios como adoradores. Solo unos versículos después vemos cómo Dios los recompensó. *"El Señor hizo que los egipcios vieran con buenos ojos a los israelitas... De este modo los israelitas despojaron por completo a los egipcios"* (Éxodo 12:36).

Justo cuando crees que renunciaste a todo para seguir a Dios, Él te da más para ofrecer.

El Agua Sube Más Alto

El viaje de Israel es feroz y largo. Y finalmente llegan a Su tierra de promesas. Pero primero, quiero que aprendamos de la vida de Moisés. Él habría de convertirse en el ejemplo de algo a lo que una nación podría entrar. Para enfatizar este punto, incluso describe su unción profética como algo que deberían tener todos. *"¡Cómo quisiera que todo el pueblo del Señor profetizara, y que el Señor pusiera su Espíritu en todos ellos!"* (Núm. 11:29). Moisés fue un prototipo porque modeló un estilo de vida que estaba por encima de la ley. No en el sentido de que era libre de la Ley, sino porque tenía acceso a la presencia de Dios en una forma que estaba prohibida por la Ley, incluso para la tribu de los sacerdotes, los levitas. Así, parte de vida de Moisés ilustra un cuadro profético de lo que sería posible bajo el nuevo pacto que estaba por venir.

Cuando miro el viaje de Israel y las experiencias de tantos líderes del Antiguo Testamento con Dios, Éxodo 33 es el capítulo de la Biblia que sobresale en mi perspectiva. Moisés tuvo varios encuentros cara a cara con Dios. Pero de todos ellos, solo una vez al descender del monte su rostro resplandeció por la presencia de

Dios. Literalmente él irradiaba la Presencia de Dios (ver Éxodo 34:30). No fue sino hasta el Monte de la Transfiguración, con Jesús, que volveríamos a ver este fenómeno nuevamente (ver Mateo 17: 2). (Pero con Jesús, incluso Su ropa resplandecía con La gloria de Dios.)

Hubo una diferencia significativa como resultado de este encuentro con Dios. El momento en que pidió ver la gloria de Dios, y Dios mostró todo Su esplendor ante sus ojos (ver Éxodo 33:19). El resultado fue que el rostro de Moisés resplandeció por ver la gloria de Dios. Una revelación de la bondad de Dios puede cambiar nuestra apariencia. Dios quiere cambiar el rostro de Su Iglesia una vez más a través de la revelación de su bondad. Él anhela levantar un pueblo que no solo lleve buenas noticias en forma de palabras. Anhela levantar un pueblo que lleve las buenas nuevas en el poder, que es una Persona (ver 1 Corintios 4:20). Su presencia.

Debemos esperar cosas superiores de un pacto superior.

*El ministerio que causaba muerte, el que estaba grabado con letras en piedra, fue tan glorioso que los israelitas no podían mirar la cara de Moisés debido a **la gloria que se reflejaba en su rostro**, la cual ya se estaba extinguiendo. Pues bien, si aquel ministerio fue así, ¿**no será todavía más glorioso el ministerio del Espíritu?** (2 Corinthians 3:7-8)*

¡Debemos esperar y presionar para obtener más!

La Mejor Reputación

¿Cómo quieres que la gente te recuerde? La gente trabaja mucho para crear una imagen y construir su propia reputación. Algunos trabajan en su belleza o sus habilidades. Otros en su relevancia en la vida o su lugar en la sociedad. Unos más trabajan duro para crear una imagen con los dones espirituales en los que operan. La Biblia hasta nos enseña el valor de tener un buen nombre (ver Proverbios 22:1). Si se hace correctamente, es innegablemente importante. Pero… si pudieras elegir el ser conocido por algo, algo que te distinga de todos los demás, ¿qué sería?

Para Israel, Dios eligió la reputación. Al menos Él eligió lo que quería que sucediera. En todo ellos eran los más pequeños, los más insignificantes entre todos y también la nación más débil. Con base a sus cualidades natas, no había nada que les hiciera destacar sobre cualquier otro grupo de personas. Pero había una cosa particular que los habría de distinguir de entre cualquier otro grupo. "*Y Él dijo: 'Mi presencia irá contigo, y Yo te daré descanso'*" (Éxodo 33:14 NBLA). En realidad, sería la gloria de Dios —La manifestación de su presencia— Esa sería su marca distintiva.

Si no vienes con nosotros, ¿cómo vamos a saber, tu pueblo y yo, que contamos con tu favor? ¿En qué seríamos diferentes de los demás pueblos de la tierra? (Éxodo 33:16)

Se distinguirían de todos los demás pueblos por la Presencia de Dios.

Los Favoritos Favorecidos

La historia de la iglesia está llena de gente que obtuvo el favor del Señor en maneras inusuales. Eso explica porque la mayoría de nosotros tenemos nuestros favoritos —aquellos a quienes hemos admirado por diversas razones, varios por el eco que su vida hizo en nuestra propia historia y antecedentes. Estos héroes de la fe llegaron a lugares en su comunión con Dios a los que anhelamos llegar. Convertirse siempre en el nuevo estándar es la forma en la que establecen su logro, ya que su ejemplo nos motiva a ir en pos de Dios de la misma manera. Y Dios nos sigue dando la bienvenida a todos.

A la luz del tema de este capítulo, una de las personas a quien más admiro es Kathryn Kuhlman. De joven, en varias ocasiones tuve el privilegio de verla. La respeto muchísimo, por muchas razones. Ciertamente, los milagros surgidos en sus reuniones son una de las razones. Pero por un momento dejémoslos a un lado. Sin ser irrespetuoso, me gustaría compartir lo que no era. Ella no era conocida como una gran maestra de la Biblia, ni como una gran predicadora, aunque bien podía hacer ambas cosas. No era la poseedora de una belleza natural que, como sucede con otras personas, pareciera impulsarles a una posición de favor para con el hombre antes de tiempo. No era una gran cantante, conmoviendo a las multitudes con su increíble voz... y la lista continúa. Pero ¿en qué era buena? Ella solo parecía ser la persona con la que a Dios le gustaba estar. Ella es conocida por la Presencia. Los milagros venían de esa única cosa. Las conversiones masivas venían de esa única cosa. Las alturas alcanzadas en la adoración que se experimentaba en sus reuniones, también emanaban de esa única cosa. Ella era una mujer de La Presencia.

Todavía se me llenan los ojos de lágrimas cuando veo el video donde habla sobre su punto de entrega absoluta con el Espíritu Santo. Ciertamente, es un momento edificante. Ella testifica acerca del momento preciso, la ubicación precisa donde pronunció su absoluto "sí" a Dios. Aquellas vivencias no revelan nuestra fuerza. En realidad, evidencian nuestras debilidades. El llegar a ser todo lo que podemos ser, requiere que seamos más dependientes en Dios. Si alguna vez vi a una persona que reconociera su necesidad de dependencia absoluta de Dios, esa era Kathryn. Ella le dijo que sí a Dios y se le dio el privilegio de alojarlo de una forma que pocos han jamás imaginado.

Una de las cosas en las que tuvo éxito, que muchos de nosotros pasamos por alto en nuestras vidas, es que ella sabía quién no era. Muchos intentan usar la armadura de Saúl, en un intento por operar en el don de otra persona.[2] Vemos a una persona a quien admiramos y, por celos, a menudo intentamos convertirnos en ellos o aún superarlos. *Cualquiera que sepa su propósito para con Dios, nunca intentará ser alguien más.* Kathryn lo ilustró muy bien. Pero no solo eso, lo ilustró por la razón más sublime —Fue conocida porque *Dios estaba con ella*.

Los Puntos Inferiores Hacia el Futuro

Hoy día, la vida de Moisés permanece como una invitación para que todos entremos en una dimensión más profunda con Dios. Lo asombroso es que todo lo que Moisés experimentó, sucedió bajo un pacto inferior. La iglesia debe valorar enormemente sus logros y experiencias. Sería una tontería no hacerlo. Pero igual de absurdo sería suponer que la marca dejada por la marea alta en el Antiguo Testamento permanecería sin moverse en el Nuevo. No es apropiado esperar bendiciones superiores de un pacto inferior. Así lo entendieron nuestros héroes de la fe en el Nuevo Testamento. Y ello les permitió ir por más.

La muerte de Cristo satisfizo los requisitos del Antiguo Pacto, pero también encendió las brasas del Nuevo. *"Esta copa es el nuevo **pacto** en **mi sangre**; haced esto cuantas veces la bebáis en memoria de mí."* (1 Corintios 11:25). Cuando Jesús murió, preparó el camino para que la gente entrara directamente a la Presencia de Dios cada día. Esto era inaudito en los días de Moisés. Solo el sumo sacerdote podía hacer eso, y sucedía solo un día del año: el Día de la Expiación. La sangre hacía posible que fueran *el pueblo de Su Presencia*. Indudablemente esta posibilidad se encuentra mucho más a la mano para nosotros que para el Israel del Antiguo Pacto. Pero este es el factor que transforma vidas: La muerte de Jesús nos concedió no solo el poder acceder a la Presencia de Dios diariamente, sino que la Presencia de Dios se internara en nosotros permanentemente. Nos hemos convertido en el lugar de la morada eterna de Dios (ver Efesios 2:22). ¡Esto es sorprendente!

Las Piezas Faltantes

Dice el necio en su corazón: «No hay Dios». (Salmo 14:1). A pesar de esto, muchos cuestionan Su existencia y Su naturaleza es cuestionada por una avasalladora mayoría. Tanto así que el escritor de Hebreos, conociendo la naturaleza de la fe y la tensión generada por el dilema, dijo: *"es necesario que el que se acerca a Dios crea que Él existe y que Él es galardonador de los que le buscan diligentemente."* (Hebreos 11:6 RVA). La confianza en Su existencia y en Su naturaleza son los elementos esenciales para la fe activa. La fe florece cuando entendemos esas dos cuestiones. Y no es solo se trata de saber que Él existe en alguna parte del universo. Se trata de entender que Él está presente, aquí y ahora. Este tipo de conocimiento se revela a través de nuestra respuesta —*buscarlo a Él en forma diligente*. Así se manifiesta la confianza en Dios. Comprender Su naturaleza establece los parámetros de nuestra fe. Y esos parámetros son buenos y amplios.

Moisés tuvo una serie de encuentros con Dios que le cambiaron la vida. El más notable fue cuando vio la bondad de Dios en toda Su gloria. No hay una fuerza de atracción mayor en los corazones y las mentes de la humanidad que comprender la naturaleza de Dios, especialmente si se refiere a la benignidad de Dios. Parece que no se puede hablar de la bondad extrema de Dios sin que alguien exprese su preocupación en que se convierta en el cristianismo de "vale todo" o el "descuidado amor ágape" como suelen llamarle. Desafortunadamente el temor a exagerar Su bondad ha alejado a muchos corazones de la libertad que Él compró, a favor nuestro. No es un rumor, Él es realmente bueno, siempre bueno. Y descubrir Su bondad me da la gracia de servirle con arriesgado abandono.

Es difícil imaginar que alguien no quiera rendirse a este Dios de perfecta bondad. No debería sorprendernos que el incrédulo lo evite, si consideramos que la iglesia misma lucha contra esta imagen. Se necesitará más que palabras. Esto tendrá que ser con la *Presencia*.

A Dios se le conoce como *"el Deseado de Todas las Naciones"* (Hageo 2:7). Eso me dice que todos quieren a un rey como Jesús.

Él es lo que todo el mundo anhela, aún cuando dudan de su existencia. La Iglesia representa a Jesús, que básicamente significa que lo presenta a Él. Si nosotros podemos albergarlo, y en el proceso podemos llegar a ser como Él, entonces, quizá el mundo realmente experimente *"que la bondad de Dios te guía al arrepentimiento"* (ver Romanos 2:4). Podrán entonces decir: *"¡prueben y vean que el Señor es bueno!"* (Ver Salmos 34:8).

NOTAS FINALES

1. Lee *Momentum: Lo que Dios comienza nunca termina* por Eric Johnson y Bill Johnson para obtener más información sobre este tema.

2. El rey Saúl trató que David usara su armadura cuando le permitió luchar contra Goliat. Saúl era un hombre corpulento. La armadura no le quedó a David (ver 1 de Samuel 17:38-39). Esto semeja las veces en las que nos vemos tentados a imitar la misión o los talentos de otra persona para cumplir la voluntad de Dios para nuestras vidas. Simplemente no funciona.

4

Una Presencia
que da Poder

Los profetas fueron las personas más temidas y respetadas del Antiguo Testamento. Cuando hablaban, cosas pasaban. Sus interacciones con Dios producían un temor muy saludable hacia Dios que a menudo impactaba enormemente la forma de pensar y vivir de la gente. Había algo que los separaba de la multitud. *El Espíritu del Señor descendía sobre ellos*. Entonces todo cambiaba. Pasaban de ser el ciudadano respetado de una ciudad, a ser un ciudadano temido del Cielo. Sin duda tenían un inusual don de parte de Dios. Podían ver. No obstante, la influencia del *Espíritu de Dios sobre ellos* era la parte más abrumadora. Dios hablaba a través de ellos, respaldando Su palabra con señales y maravillas. Estas inusuales personas provocaron algunos de los momentos más extraños en la historia. Y gracias a ellos hemos prosperado.

Los profetas eran los más temidos porque el Espíritu del Señor venía sobre ellos. Nada más. El Espíritu de Dios, Él mismo, Él, que satura el Cielo con Su Presencia, reposa sobre la gente. Y cuando Él lo hace, suceden cosas. Estos primeros profetas llevaron la Presencia de Dios de una manera que era rara, especialmente en sus días. Su papel se malinterpreta aún en nuestros días. Jugaban un papel vital en la revelación creciente sobre la correlación entre la presencia constante de Dios y el propósito del hombre sobre la Tierra. Si sondeamos su historia y reconocemos el impulso creado por estos grandes hombres y mujeres de Dios, estaremos mejor posicionados para abrazar más fácilmente la tarea de nuestros días. Es nuestra labor darles más grandeza a nuestros días, tal como Dios lo ha prometido: *"La gloria postrera de esta casa será mayor que la primera"* (Hageo 2:9 RVR). Además, nos beneficiaremos de una mayor claridad de mente y corazón por el progreso que las generaciones anteriores conquistaron para nosotros.

Muchas de estas historias nos permiten dar un vistazo profético hacia un día venidero, un día en el que lo extraño e insólito se haga normal. Aún hoy vivimos cosas en la iglesia que alguna vez fueron consideradas raras o imposibles. Creámoslo o no, las cosas siguen avanzando, están progresando.

Hay una progresión obvia en la revelación de Dios para Su pueblo y un incremento en Su Presencia y gloria manifiestas. Él hablaba en serio cuando proclamó: *"Lo dilatado de Su imperio y la paz no tendrán límite"* (Isaías 9:7 RVR). Desde que esas palabras fueron expresadas, solo ha habido aumento. Tenemos que ajustar nuestro pensamiento y no solo percatarnos de ello, sino colaborar con lo que Dios está haciendo. Hablando de nosotros, repite: *"Mas la senda de los justos es como la luz de la aurora, que va aumentando en resplandor hasta que es pleno día"*. (Proverbios 4:18). Deberíamos y debemos esperar progreso. Este mismo pasaje es aún más divertido en la versión amplificada: "Pero el camino de los rectos y justos [sin concesiones], es como la luz del amanecer, que brilla cada vez más (más brillante y claro), hasta que [alcanza su máxima fuerza y gloria en] el día es perfecto [para estar preparado].

Esperar algo menos que este tipo de progreso es pensar en contra del verdadero impacto de la manifestación creciente de la justicia de Dios sobre la Tierra por medio de Su pueblo.

Soberanamente Suyo

La mayor parte del tiempo, cuando el Espíritu de Dios desciende sobre una persona, Él se mueve a través de esta de acuerdo con su propia madurez y disposición a ser utilizada. Nota que dije la mayor parte del tiempo. Muchas veces me ha tocado ver casos en los que el Espíritu de Dios desciende sobre alguien que no tiene hambre y, en algunos casos, ni siquiera la disposición de ser usado. Como espectador, esto depositó el temor de Dios en mí. Fue Dios actuando en Su soberanía. Asombroso, temible y maravilloso, todo al mismo tiempo.

Cal Pierce, director del ministerio *Healing Rooms* (Cuartos de Sanidad) ubicado en Spokane, Washington, vivió uno de esos momentos. Yo vi cómo Dios lo escogió. Si tuviera que vivir en esta tierra por otros 1,000 años, nunca podré olvidar lo que presencié esa noche. Dios poseyó a un hombre.

Mi esposa y yo fuimos invitados a convertirnos en los nuevos pastores de la Iglesia Bethel en Redding, California. El liderazgo escuchó lo que estaba sucediendo en la iglesia que pastoreábamos en Weaverville, California, y tenían hambre de lo mismo en Bethel. Poco después de llegar, comenzó el derramamiento del Espíritu. Fue maravilloso glorioso y controvertido. Siempre lo es. Parte de la iglesia abrió rápidamente sus brazos para recibir el torrente. Otros se fueron. Las cosas sucedían tan rápido que el personal y el liderazgo no pudieron ayudar a dirigir de la manera que se necesitaba. A sugerencia de uno de los miembros de mi equipo de pastores, convocamos a una reunión privada, solo para el personal. Querían ayudarme a dirigir a la iglesia en este mover. En esta reunión teníamos un equipo de personas listas para servir el equipo pastoral y llevarlos a este encuentro divino que estaba cambiando tantas vidas. Fue hermoso. Programé lo mismo para nuestro liderazgo.

Algo así como cien personas se reunieron esa noche. Compartí brevemente lo que Dios estaba haciendo e invité al Espíritu Santo a venir. Fue maravilloso y simple. Cal y Michelle Pierce eran parte de ese equipo. Cal servía en el comité directivo de la iglesia. Después me enteraría que no les gustaba lo que estaba pasando en la iglesia y que tenían planes para dejar Bethel, la iglesia con la que estuvieron comprometidos durante más de 25 años. La controversia y las inusuales manifestaciones de Dios enfriaron rápidamente sus corazones. Sin embargo, en esa noche, Dios tenía algo más en mente. Observé a Dios posarse sobre Cal y poseerlo. Ojalá pudiera describirlo de otra manera, pero no sería honesto. Fue poseído por Dios, elegido para algo en lo que ni siquiera estaba interesado. Después de que casi todos habían dejado la habitación, Cal todavía estaba de pie, temblando. Olas de gloria y poder pulsaban sin cesar a través de todo su cuerpo. Fue maravilloso. Fue glorioso. Fue solemne… realmente edificante. Dios había elegido a Su hombre. El fruto que ahora fluye de Cal y Michelle testifica del impacto de ese momento, ese momento que solo puede medirse en la eternidad.

Durante mucho tiempo he sentido que demasiadas cosas se esconden bajo la alfombra de la llamada soberanía de Dios. En otras palabras, a Él se le echa la culpa de todo lo que pasa. La gente a menudo asume que todo lo que sucede debe ser Su voluntad porque, después de todo, Él es Dios. Lo llaman *Su voluntad soberana.* Eso simplemente no es cierto. Dios *"no quiere que nadie se pierda, sino que todos procedan al arrepentimiento".* (2 Pedro 3:9 RVA).

¿Hay gente que perece? Sí. ¿Es la voluntad de Dios? No. Por eso, tiendo a enfatizar el papel que jugamos en el desenlace de las cosas. Sin embargo, me encanta cuando Él infringe tanto mi comprensión como mi zona de confort y hace algo tan increíblemente soberano que me quedo con un temor creciente hacia Él. He aprendido que Él no violará Su Palabra. Pero a Él parece no importarle violar nuestro entendimiento de Su Palabra.

Profético (no) Intencionalmente

En una ocasión, tuve la oportunidad de hablar en un centro de YWAM[1] en Colorado. Kris Vallotton, un hombre de negocios en aquel momento, me acompañó para ayudarme. (Él es ahora un profeta muy experimentado a nivel internacional, y forma parte del personal de Bethel). Pudimos ver al Espíritu de Dios posarse en mucha gente de maneras maravillosas. Pero Él reposó única y poderosamente sobre una joven que no tenía experiencia previa en los dones espirituales, especialmente el don profético. De hecho, ni siquiera creía que dichos dones existieran. Dios vino sobre ella de una forma que nos asustó a todos. Él quería hablar a través de ella. Para ser honestos, yo no me atrevería a decir que estuviera dispuesta. Ella no tenía ni idea de qué le estaba sucediendo o de lo que estaba fluyendo a través suyo hasta que todo terminó. Fue tan glorioso, y al mismo tiempo tan edificante e instructivo. La palabra del Señor a través de ella fue poderosa y pura. Sus antecedentes extremadamente conservadores le habían mantenido apartada de muchas de las cosas que contaminan a su generación. La asistimos para caminar por la habitación para que orara por la gente. (Obviamente, la unción para esto estaba sobre ella, no sobre nosotros). A través de sus palabras, cada persona a la que la llevamos fue tocada poderosamente por el Señor. Cada palabra profética era tan profunda. Ella habló de cosas que no podría haber sabido en lo natural. ¿Qué si fue maravilloso? Sí. ¿Glorioso? Por supuesto, incluso más allá de las palabras. Pero Kris y yo pasamos mucho tiempo ministrándola entre sesiones porque todo esto la asustó. Y con toda razón. Sabíamos que era Dios. Esto fue más allá de nuestra normalidad.

Esta situación revela la gran necesidad de que exista una cultura que entienda cómo se mueve el Espíritu de Dios. Mucha gente no tiene a quien acudir cuando Dios los toca de una manera inusual. La respuesta común de muchos en la iglesia es tratar de mantenerse en el promedio, por lo que nuestra experiencia en Dios termina por ser disminuida a un mínimo común denominador. A menudo, muchos sin saberlo se apartan de la unción en su vida para conservar su sentido de control. El otro extremo es que a veces piensan que están volviéndose locos porque su experiencia es muy diferente a la de todos los demás. El enemigo trabaja para aislarnos y esa es una de sus estrategias. Después terminamos saboteando lo que Dios en realidad está haciendo. Las personas en esta posición necesitan ayuda para procesar y aprender el don que hay en ellos.

La historia personal de Kris es bastante profunda. Le tomó años descubrir lo que Dios estaba haciendo en él porque estaba de la norma de nuestra historia y experiencia. Si hubiéramos tenido más gente experimentada en los primeros días de su desarrollo, podríamos haberle ahorrado años de confusión. Esta es la razón por la que él dispone su gran corazón para quienes tienen este inusual don profético en sus vidas.

Sé que hay muchos que piensan que este tipo de encuentros no podrían ser de Dios. Después de todo, el Espíritu Santo es un caballero. Por lo menos eso es lo que me dijeron durante los maravillosos años del movimiento de Renovación Carismática de los años 60's, 70's y principios de los 80. ¿Un caballero? Quizá si lo es, sería mi respuesta, pero según Su propia definición de la palabra *caballero*. Recordemos que este *Caballero* derribó a Saulo de Tarso de su burro (ver Hechos 9). Lean sus Biblias. Él hace lo que a Él le place. Él es Dios y no se adaptará dentro de las "cajas" de nuestro pensamiento.

Hay muchos que tienen mucho miedo de que Dios pueda hacerles cualquier cosa y, por ende, deciden no entrar al lugar de total Rendición. En contraste, hay otros que piensan que si Dios los toca de cierta manera, eso arreglaría todo. Dios nos conoce, por dentro y por fuera y de pies a cabeza. Él conoce nuestra mayor necesidad y nuestro mayor deseo. Como un padre perfecto, anhela proporcionarnos aquello que se necesita para conducirnos al siguiente nivel. Pero Él también sabe qué es lo que distraería nuestro propósito y desarrollo. Debemos confiar en Él para que Él organice esa parte de nuestras vidas, y se asegure de que estemos hambrientos y vayamos en pos de todo lo que Él tiene para nosotros.

Un Rey que Fracasó

En este tema varias historias bíblicas se destacan. Pero elegiré dos por su singularidad. La primera tiene que ver con el rey Saúl. Él comenzó como todo buen rey. Tuvo celo por el Señor y se levantó con la debida indignación cuando los enemigos de Israel amenazaron la seguridad de su pueblo. Pero no se le recuerda por eso. Es recordado por sus fracasos, ya que, después de todo, se convirtió en un rey perverso. Un rey sumamente perverso.

Aunque desde el principio sabía lo que había en el corazón de Saúl, Dios le dio todas las oportunidades para enmendar camino. Al principio, el profeta Samuel le contó acerca de un encuentro que lo cambiaría todo.

> *De ahí llegarás a Guibeá de Dios, donde hay una guarnición filistea. Al entrar en la ciudad te encontrarás con* **un grupo de profetas** *que bajan del santuario en el cerro. Vendrán profetizando, precedidos por músicos que tocan liras, panderetas, flautas y arpas.* **Entonces el Espíritu del Señor vendrá sobre ti con poder, y tú profetizarás** *con ellos* **y serás una nueva persona.** *(1 Samuel 10:5-6).*

El Espíritu del Señor ya estaba sobre los profetas. Cuando Saúl entró en su atmósfera, lo que estaba sobre ellos se transfirió a él. Cómo deseo que nos ejercitemos para reconocer el momento en el que el Espíritu de Dios se esté moviendo sobre otras personas. Quizás, una cultura de honor podría ayudarnos a aprender a beneficiarnos de lo que Él está haciendo en y a través de otros, para también ser impactados en forma más intencional por Su Presencia. Cuando desciende El Espíritu de Dios sobre una persona, crea una atmósfera celestial aquí y ahora. En el caso que vemos, se trató de un grupo de profetas, por tanto, tenemos el aumento exponencial de La Presencia y Él poder que solo pueden venir a través de la unidad. Si hay unidad, dos son mejores de uno. Si hay división, dos son menos que uno. Para que vayamos a donde Él ha planeado es esencial aprender reconocer este principio. Se le llama *unción corporativa*.

Este encuentro aconteció para prepararlo para ser el tipo de rey que Israel necesitaba. Cuando el Espíritu de Dios vino sobre él fue transformado en otro hombre. Este encuentro realmente cambió todo su ser. De él dependía "cuidar el nuevo jardín" que Dios había plantado en su corazón. En nuestro desarrollo siempre desempeñamos un papel. Los dones son gratis; la madurez es cara. *"Cuando estas señales te hayan sucedido, haz lo que la situación requiera, porque Dios está contigo"*. (1 Samuel 10:7 NBLA). Sería necesario que él entrara en esta dimensión del Espíritu Santo para lograr lo que Dios planeaba mientras guiaba a Israel tanto a la seguridad como a la paz. A través de estos medios, tendría acceso a los dominios de Dios para *hacer lo que la situación requería*.

Un Buen Comienzo

El encuentro profético sucedió tal como Samuel dijo que sucedería. Y le permitió a Saúl empezar bien. Tenía el sentido de humildad tan necesario, así como un celo significativo por el nombre del

Señor. Este encuentro con los profetas sin duda lo transformó en el hombre que Dios necesitaba en esa posición. Pero Dios no es el responsable de nuestro potencial. Nosotros lo somos. Se nos ha asignado a todo el Cielo para asegurar que poseamos todo lo necesario para alcanzar nuestros destinos diseñados por Dios. La palabra del Señor se ha hablado. Y debemos actuar.

A través de una serie de decisiones desastrosas, Saúl se convierte en el indigno rey de Israel, así que Dios empezó a buscar a otro, alguien conforme a Su corazón. Encontró a un joven ocupado en atender a las ovejas de su padre. Él era un adorador. Su nombre era David.

Una de las declaraciones más aterradoras que cualquiera podría escuchar es, *"El Espíritu del Señor se apartó de Saúl..."* (1 Samuel 16:14). De Su Presencia emana El gran don y la gran responsabilidad. Más tarde en la propia vida de David, le oímos llorar:

"No me alejes de tu presencia ni me quites tu santo Espíritu" (Salmo 51:11). ¡La presencia de Dios debe ser un galardón para nosotros!

El Impío es Ungido

Esta es una parte muy extraña de la historia. Sucede años después y Saúl es ahora un rey muy perverso. Odia la unción y en forma particular al ungido —a David. Para él, es obvio que Dios había elegido a otro hombre para servir como rey porque Saúl había abusado de su posición. Saúl estaba celoso de David y trata de matarlo. Así que envía sirvientes a capturar a David para poder deshacerse de quien mejor le recordaba todo lo que había perdido.

(Saúl) mandó a sus hombres para que lo apresaran. Pero se encontraron con un grupo de profetas, dirigidos por Samuel, que estaban profetizando. Entonces el Espíritu de Dios vino con poder sobre los hombres de Saúl, y también ellos cayeron en trance profético. Al oír la noticia, Saúl

envió otro grupo, pero ellos también cayeron en trance. Luego mandó un tercer grupo, y les pasó lo mismo. Por fin, Saúl en persona fue a Ramá y llegó al gran pozo que está en Secú. —¿Dónde están Samuel y David? —preguntó. —En Nayot de Ramá —alguien le respondió. Saúl se dirigió entonces hacia allá, pero el Espíritu de Dios vino con poder también sobre él, y Saúl estuvo en trance profético por todo el camino, hasta llegar a Nayot de Ramá. Luego se quitó la ropa y, desnudo y en el suelo, estuvo en trance en presencia de Samuel todo el día y toda la noche. De ahí viene el dicho: «¿Acaso también Saúl es uno de los profetas?» (1 Samuel 19:20-24)

Cuando el Espíritu de Dios desciende sobre las personas, hacen cosas extraordinarias en Su nombre. Cuando El Espíritu de Dios reposa sobre un grupo de personas, la atmósfera se carga automáticamente, tal y como sucede en esta historia. Los profetas están profetizando y el aire se espesa con la Presencia de Dios. Los sirvientes con designios asesinos caen bajo la influencia de lo profético y comienzan a funcionar fuera de su don, profetizando como único resultado. Un segundo grupo es enviado y responde a la unción de igual modo. Finalmente, envía a un tercer grupo, exactamente con el mismo resultado. Todo esto debió frustrar a Saúl en forma desmedida. Sabía lo que les estaba pasando, y lo sabía porque estaba registrado en su historia. Él había tenido la misma experiencia. Quizá por ello no mató a esos sirvientes incumplidos.

Un Destello de Gracia

Esta es una imagen tan asombrosa de la gracia. Y por ello digo que en el Antiguo Testamento hay muchos casos que en realidad son imágenes de las realidades del Nuevo Testamento. Y este es uno. Muy a menudo a la gracia se le define como favor inmerecido. Y ese es el lugar perfecto para comenzar a definir una palabra tan significativa. En este sentido una definición más completa sería la siguiente: *Es el favor inmerecido que trae consigo Su presencia habilitadora.* En esta historia la presencia habilitadora de Dios les dio a las personas la oportunidad de saborear la vida plenamente. Ciertamente, esto les dio a los sirvientes de Saúl la oportunidad de repensar cómo querían vivir sus vidas. Ahora ya habían probado la vida en el Espíritu. Me gusta pensar que a partir de ese momento todas sus opciones se vieron arruinadas. Esto es lo que llamo un destello profético de gracia.

Finalmente, Saúl decide ir en persona. Y a pesar de que se encuentra en una condición tan horrible, con un corazón lleno de maldad, entra en la atmósfera de la Presencia manifiesta de Dios sobre los profetas *y profetiza continuamente.* La parte más extraña de la historia es que se quitó toda la ropa. Estoy seguro de que me estoy perdiendo de un gran significado espiritual en esta parte del relato. Pero esto sí me consta: Él regresa, aunque sea por un momento, a un previo lugar de humildad. Además, sin nada de ropa, probablemente no llegaría muy rápido a ningún otro lado. Parece estar diciendo: "¡Soy vulnerable ante el profeta Samuel, y no me iré a ningún lado!". Debido a la unción tuvo una nueva oportunidad para ser transformado. Saúl se encontró con el Espíritu Santo —la unción libertadora. *"El yugo será destruido a causa de tu unción"* (Isaías 10:27 RVA). Pero esto no se mantuvo. Puedes tener un jardín perfectamente plantado, pero sin un mantenimiento continuo, el jardín se convertirá en un jardín de maleza en muy poco tiempo.

Debemos administrar bien la vida que Dios nos da. *"al que se le ha confiado mucho, se le pedirá aún más."* (Lucas 12:48). El rey Salomón experimentó un desastre en su propia vida porque falló en esta única cosa. Dios le dio más que a ningún otro hombre que haya vivido. El único verso que traspasa mi corazón más que cualquier otro acerca de él es el siguiente: *"Entonces el Señor, Dios de Israel, se enojó con Salomón porque su corazón se había apartado de él, a pesar de que en dos ocasiones se le había aparecido"* (1 Reyes 11:9). Dios le dio a Salomón los encuentros más inusuales con Él, y dos veces, pero sus efectos no duraron. Debemos dar cuenta de lo que se nos ha dado. Depende de nosotros mantener actualizado el impacto de una experiencia pasada.

He visto a personas recibir un toque dramático del Señor. Y cuando ese toque no se administra bien las cosas salen mal en sus vidas. Los críticos del avivamiento tienden a descartar el toque de Dios y dicen: "Vez, te lo dije... para empezar ese no fue el toque legítimo de Dios en su vida." ¿Acaso Dios debería ser cuestionado a causa del hombre? Jesús habló sobre la sanidad de diez leprosos, y solo uno regresó para dar gracias (ver Lucas 17:15-18). ¿Eso significa que los otros nueve no recibieron un toque real de Dios? Por supuesto que no. La validez de la obra de Dios nunca es determinada por la respuesta del hombre, sea buena o mala. Su obra se mide por esto: tenían lepra, y ahora no la tienen. O, "*...yo era ciego, y ahora veo*" (ver Juan 9:25), o "la persona tocada por Dios sanó de cáncer. El doctor lo confirmó. Le damos a Dios toda la alabanza".

Lo que en verdad causa que las personas tropiecen es si a esa persona le da cáncer u otra enfermedad nuevamente. Muy a menudo la gente asume que Dios trajo la enfermedad de vuelta porque era Su voluntad en primer lugar. Para empezar, Dios no le mandó la enfermedad, mucho menos se la envió de vuelta. Bajo el mismo principio Jesús no puede sanar una enfermedad que el Padre propuso para la persona, pues tendremos "*Una casa dividida contra sí misma, la cual no permanecerá*". (ver Lucas 11:17). Lo que nos lleva a un tópico que trataremos otro día. La falla en la ecuación nunca estará en la parte que le toca a Dios. Sería tonto cuestionar a Dios por una carencia que reposa plenamente sobre los hombros de la gente. (El tema de las enfermedades recurrentes es serio y debe ser abordado, sin acreditarle a Dios la obra del diablo. (La lectura de Lucas 11:24-26 y 1 Corintios 11:27-30 es un buen lugar para comenzar).

Un Guerrero Temeroso

La segunda historia realmente nos da una idea del mover del Espíritu, de toda la Biblia es mi favorita. Ésta trata de uno de los jueces de Israel: Gedeón.

Tal como nos pasa con el apóstol Pedro, Gedeón es uno de esos personajes que rápido se convierten en nuestros favoritos, porque nos identificamos fácilmente con él. Simple y llanamente, era un miedoso. Cuando Dios buscaba a alguien que librara a Israel de su opresor, eligió a Gedeón. No hay una razón obvia, al menos no existe una que destaque para mí.

Dios encontró a Gedeón escondido en un lagar, tratando de trillar trigo. Los madianitas habían estado robándoles a los hijos de Israel durante mucho tiempo. De seguro él estaba tratando de conseguir algunas provisiones para su familia, evitando que les robaran una vez más. Independientemente, trillar trigo en un lagar proporciona una imagen fascinante. El trigo habla del *pan de la Palabra* —la enseñanza. El vino representa el *sentir la experiencia con el Espíritu Santo* —encuentros a menudo embriagantes. Ambas cosas nunca entran en conflicto entre sí desde la perspectiva de Dios. Pero desde la nuestra, a menudo lo hacen. Cada una tiene un propósito que el otro no puede solucionar. Lo interesante de esta imagen es que Gedeón está tratando de conseguir el pan de Su Palabra, de un lugar donde se hace el vino. No funcionará.

Vimos esto en los primeros días del derramamiento. La gente estaba enojada porque no había un gran énfasis en la enseñanza. Y sí lo intentamos. Simplemente es difícil sacar pan de las uvas. Muchas veces, al intentarlo, parecíamos estar trabajando contra el corazón de Dios en ese momento. Aunque lo opuesto también es cierto. Muchos solo quieren sentarse por doquier y cantar o reír cuando Dios quiere edificar nuestro entendimiento a través de Su Palabra. Mi filosofía es esta: cuando Dios esté sirviendo vino, bebe. Cuando esté sirviendo pan, come.

Los Poderosos se Esconden

Dios habla a través del ángel del Señor y llama a Gedeón, un poderoso hombre valiente. (ver Jueces 6:12). Gedeón responde: *"si el Señor está con nosotros, ¿cómo es que nos sucede todo esto? ¿Dónde están todas las maravillas que nos contaban nuestros padres, ..."* (Jueces 6:13). Esto me parece muy divertido. Un ángel acaba de hablar con él mientras se esconde en un lagar, y sin perder un solo segundo rápido le responde al ángel. No deberían sorprendernos las cavilaciones de Gedeón cuando el ángel se le apareció. Digamos que, andaba "armado y furioso".

Si hubiera algún versículo en la Biblia que describiera el corazón de las personas cuando no ven lo que Dios está haciendo, sería más o menos así: *Si Dios está con nosotros, ¿por qué nos han pasado estas atrocidades? Y... ¿Dónde están los milagros que tanto escuchamos?* Aún hoy, la gran mayoría parece no darse cuenta de que Él no causa las desgracias, sino todo lo contrario, nos equipa con la autoridad, el poder y la comisión de lidiar con el diablo y sus obras. Depende de nosotros aprender a usar las herramientas que Dios nos da. De no hacerlo, el diablo sencillamente seguirá robando. Pero, honor a quien honor merece: Gedeón responde a la palabra del Señor y ofrece un sacrificio para Dios.

Una vez más, necesitamos abreviar la historia por razones de espacio. La conclusión es que al principio Gedeón tiene miedo. Tiene miedo a la mitad de la historia, y estoy muy seguro de que cuando Dios le redujo su ejército de 32,000 hombres a solo 300, no le hizo un gran favor. Finalmente, Dios le confirma que Él está de su lado y luego le entrega sus órdenes. Y solo para poner las cosas en la singular perspectiva de Dios para resolverlo todo, le dice a Gedeón qué hacer si le daba miedo.

Aquella noche el Señor le dijo a Gedeón: «Levántate y baja al campamento, porque voy a entregar en tus manos a los madianitas. Si temes atacar, baja primero al campamento,

*con tu criado Furá, y escucha lo que digan. Después de eso
cobrarás valor para atacar el campamento». **Así que él y
Furá, su criado, bajaron hasta los puestos de los centinelas,
en las afueras del campamento.*** (Jueces 7:9-11).

Nota que el Señor le dijo que si tenía miedo, bajara al campamento de los madianitas. La siguiente frase dice que bajó al campamento. Una vez más, eso nos dice que todavía está lidiando con el miedo. Aparte, el campamento del enemigo es un lugar extraño para ir a recibir motivación. Recordemos que Moisés alguna vez envió 12 espías para echar un buen vistazo a la Tierra Prometida, que casualmente también resultó ser tierra enemiga. Diez espías trajeron un informe pésimo debido a sus miedos y atemorizaron a toda la nación de Israel (ver Números 13:25-33). Esos diez espías formaron su propio grupo y se retroalimentaron del miedo de los demás.

A veces, el mejor lugar para obtener nuevos ánimos es el campamento enemigo. Ahí es donde los dos espías obtuvieron su motivación, y no permitieron que diez miedosos los contaminaran con su miedo. Es justo ahí a donde Dios envía a Gedeón, el temible. Parece como si se tratara del humor divino —si tienes miedo, ve con la persona a la que le tienes miedo. Cuando Gedeón fue a ese campamento, escuchó que uno de los madianitas tuvo un sueño, que su compañero de tienda interpretó como "Gedeón borrándoles del mapa" (ver Jueces 7:13-14). Sin lugar a duda, eso le animó.

La Imagen Definitva

La historia prosigue y reporta que Gedeón y sus hombres hicieron exactamente eso. Derrotaron a los madianitas, restauraron el poderío de Israel y la libraron del abuso de las naciones circundantes. Es una historia maravillosa. Pero en medio de este milagro encontramos un verso inusual. *"Entonces el Espíritu del Señor
descendió sobre Gedeón"* (Jueces 6:34 NBV). Y si hasta allí lo dejáramos tal y como está, sería suficientemente bueno. Pero el significado verdadero se extiende mucho más. El verbo "descendió"

en realidad significa *ponerse, vestirse, envestir, ser vestido²*. En las notas al pie de mi Biblia de estudio³ dice: "En hebreo, esto significa literalmente 'El Espíritu del Señor se vistió así mismo con Gedeón'". ¡Impresionante! Dios se viste de Gedeón. No puedo pensar en ninguna imagen de la vida llena del Espíritu, que describa mi corazón con más precisión que ésta: Dios se puso a Gedeón como si fuera un guante.

Aquí está la imagen: La Presencia de Dios está alojada dentro de una persona en forma tan reveladora, que Él realmente vive a través de ella. No cancela a la persona misma. La está llevando al máximo, inmersa en la influencia divina. Es como si su personalidad, sus dones y su comportamiento… todo, se estuviese expresando a través de Dios, quién vive en ella. Y lo que es más significativo es el siguiente momento de gracia. Gedeón había recibido el favor que traía la capacitadora Presencia de Dios hacia Su vida para empoderarlo y lograr lo que le era imposible hacer.

Para algunos, esto supone que todo tiene que venir de Jesús y nada de nosotros. Yo no lo creo. No hay duda de que Él es el factor determinante en cualquier situación importante. Pero a veces tenemos una visión malsana de nuestras vidas y de nuestro lugar como parte de Sus planes. He escuchado a tantos orar: "¡Sea nada de mí, y todo de ti!" Es una noble oración. Estoy seguro de que surge del deseo de no inmiscuir nuestro egoísmo para influenciar en manera alguna el resultado de las cosas. ¿Pero acaso nuestra justicia no debería tener un efecto en el resultado de las cosas, si de hecho Él nos creó? Dios no tenía a ninguno de nosotros antes de que fuéramos creados, y no le agradaba. ¡Por eso nos hizo!

No es como si nosotros no importáramos y solo Jesús importara. Muchos toman como modelo la oración de Juan el Bautista: *"Debe crecer, pero yo debo menguar"*. (Juan 3:30). La verdad es que para nosotros esa no es una oración legal. Juan estaba concluyendo su periodo como el mayor profeta del Antiguo Testamento. Le estaba pasando la estafeta a Jesús, quien iniciaría la existencia del Reino de Dios en la tierra. El enfoque estaba cambiando de *"Juan y la Ley"* hacia *"Jesús y el Reino"*. Juan tuvo que aminorar. Jesús tuvo que crecer. Pero cuando Jesús dejó la Tierra, no dijo que tendríamos que menguar. Antes bien, Él nos pasó la estafeta con Su nombre, poder y autoridad y nos mandó continuar lo que Él comenzó. *"Como el Padre me envió a mí, así yo los envío a ustedes"*. (Juan 20:21). Lo que se necesita no es menos de nosotros y más de Él. ¡Lo que se necesita es que todos estemos cubiertos y llenos de toda Su plenitud!

No hay duda de que Jesús es la respuesta. Pero Él no lo hará sin nosotros. Ese fue Su plan desde el principio. Así que, necesitamos pensar consistentemente en Sus caminos, orar de acuerdo a Sus promesas, y vivir de acuerdo a Su provisión, *para que nos use como sus guantes de nuevo*.

Selah

Las lecciones que extraemos de la historia de Saúl no se tratan de él. Así como la historia de Gedeón tampoco se trata sobre Gedeón. En cada caso estamos revisando el privilegio de albergar al Espíritu de Dios, el gran galardón, para aprender la forma como Él se mueve y obra en, y a través de las personas. Esta es la única comisión para la que todos nacimos.

NOTAS FINALES

1. Juventud Con Una Misión, JUCUM por sus siglas en castellano.

2. Tomado de la NASEC (Nueva Concordancia Exhaustiva Estándar Estadounidense, por sus siglas en inglés).

3. De la Biblia *"Spiritu Filled Life Bible"*, página 357.

5

Los Avances de la Película

Dios, el Gran Productor y Orquestador de la vida, tiene algunas sorpresas guardadas para todos nosotros. Le encanta contarles secretos a los Suyos. Y a lo largo de la historia Él ha dejado entrever lo que habría de venir.

Y por causa del diseño Maestro, cada uno vive para mejorar su vida. El propósito de algunos es el mejoramiento de la humanidad, mientras que el de otros es solo servirse a sí mismos. Pero como personas, albergamos la esperanza de que las cosas podrían y deberían ser mejores de lo que son en la actualidad. Esto afecta a todas las áreas de la vida: ciencia, tecnología, entretenimiento, etc. Todo vive bajo la influencia de este deseo interior. Está en la naturaleza de los humanos por haber sido hechos a imagen de Dios. Las personas creativas funcionan de esta forma. Nos basamos en las habilidades dadas por Dios para encontrar soluciones, resolver problemas y mover la obstrucción del camino al progreso.

Dios obra con este instinto y nos lleva hacia nuestro potencial a través de la promesa y la maravilla de la posibilidad. Por todo esto vivimos en tensión entre lo que es y lo que ha de venir. Dios le ha dado a cada ser humano un sentido de esperanza para un futuro mejor. Algunos ahogan esa convicción interna a través del sarcasmo y los mecanismos de defensa de la desilusión, mientras que otros apagan esa voz con una teología de incredulidad. A otros se les ha robado ese sentido de esperanza por medio de un trato abusivo. Pero ese sentido fue sembrado desde el principio, y se puede restaurar.

Dios es famoso por mostrar adelantos de Sus próximas atracciones. Si bien, es cierto que *"es la gloria de Dios ocultar un asunto"* (Prov. 25:2), a Él le encanta revelarle cosas a Su pueblo. Esto se debe a que Él no esconde cosas de *nosotros*. Él las esconde *para nosotros*.[1] El Antiguo Testamento sirve a ese propósito.

El Antiguo Testamento está lleno de enseñanzas y revelaciones que fueron las expresiones prácticas de la vida y la adoración de Israel. Y, en definitiva, fueron cosas que se profetizaron y se hablaron al futuro. Abarcaron de todo; desde la venida del Mesías, a la nueva naturaleza dada a Su pueblo y la relación de Dios con la humanidad. Cada tema y promesa son maravillosos, pero muy lejos de la comprensión.

Ver Más Allá

A los profetas a menudo se les llamaba videntes. El título no hubiera sido necesario si todo lo que hubieran visto hubiere pertenecido a lo existente. El don les permitía ver lo invisible de sus días, así como tener *conocimiento* de los días por venir.

Los profetas veían hacia adelante, hacia la era del Nuevo Pacto. La mirarían y hablarían de ella. Ellos apuntaban hacia este momento en el tiempo. Con toda seguridad servían a Israel. Pero en última instancia, servían tanto a la *rama del olivo silvestre*, como a la *rama natural*: el gentil y el judío, que conformarían a ese misterioso pueblo llamado el Cuerpo de Cristo (ver Ro. 11:17-24; Ef. 3:4-9). Ellos servían a aquellos que estarían vivos en los últimos días, mismos que comenzaron en la resurrección de Cristo. Y henos aquí... 2,000 años después, al final de los últimos días.

Nacidos para Soñar

Intentemos hacer una lista mental de los reyes y profetas que conforman tu lista de héroes, los que en efecto soñaron con el día en que vivimos: Salomón, David, Isaías y Daniel. Y la lista sigue y sigue. Sin embargo, ninguno de ellos vio lo que se avecinaba sin sentir en sus corazones un poco de dolor por no poder saborear una probadita de esa realidad —una realidad que hoy disfrutamos. El enfoque principal de sus sueños tenía un doble propósito: 1) Disponer de un corazón nuevo bajo una nueva naturaleza, y 2) tener al Espíritu de Dios viviendo y reposando en cada creyente. Esas dos ideas estaban más allá de la comprensión de todos, incluyendo a los 12 discípulos. Jesús tuvo que enseñarles que el Espíritu Santo estando aquí con ellos sería mucho mejor que tenerlo a Él, al Hijo de Dios, en carne y hueso (Juan 16:7). Sin embargo, si se les hubiese dado la opción, ninguno de ellos hubiera elegido otra cosa que Jesús permaneciendo con ellos, en carne y hueso. Sin saberlo, estaban al borde de algo que había sido la perspectiva interna de muchos de *los grandes* que habían existido antes que ellos, un hito histórico, como algunos lo describirían.

> *Les digo que muchos profetas y reyes quisieron ver lo que ustedes ven, pero no lo vieron; y oír lo que ustedes oyen, pero no lo oyeron* (Lucas 10:24).

Los profetas y reyes, el reparto estelar de los días bíblicos, fueron conscientes de una realidad superior que se avecinaba. Lo cierto es que, aunque anhelaban ser parte de ella, les era prohibida.

Ese privilegio fue reservado para ti. Los grandes forjadores de la historia contemplan con entusiasmo y asombro, entre una gran nube de testigos, mientras el misterio de Cristo se despliega ante sus ojos. Por supuesto, no hicimos nada para merecer tal privilegio. Es la elección de Él Soberano. Habiendo dicho esto, reconozco que esta realidad nos empuja hacia un profundo lugar de responsabilidad y rendición de cuentas, pues tenemos acceso a algo que esos reyes y profetas se perdieron. Esto es realmente relevante.

Asumamos por un momento que Salomón es uno de los reyes a quien Jesús se refirió en el pasaje de Lucas 10. Una suposición segura, creo, considerando la naturaleza de su sabiduría y su agudeza profética. Piensa en lo que debe haber sentido este hombre tan privilegiado al añorar nuestros días. Tenía toda la riqueza posible que este mundo le podía ofrecer, suficiente como para hacer palidecer a la persona más rica de este tiempo. Su impacto en las naciones provocó que los líderes que lo odiaban, le sirvieran. Era temido por su sabiduría, que parecía venir con Presencia, pues la sabiduría es una persona (ver 1 Corintios 1:30). Debido a ello, sus enemigos se sentaban en silencio. Las naciones hablaban de él. Incluso reyes y reinas viajaban grandes distancias, solo para escucharle hablar. Intentaban engañarlo con las preguntas más difíciles de la vida, a pesar de ello, las respondería todas. Sus escépticos se hicieron admiradores. No había nada con lo que pudiera soñar, que no pudiera tener. Todo, excepto una cosa: el futuro.

A los reyes y profetas, los más conscientes de las realidades invisibles, se les dio un adelanto de lo que se avecinaba. Y cada uno de ellos hubiese dado cualquier cosa de sus posesiones por probar aquello que a nosotros nos ha sido dado.

Sin duda alguna, David también fue uno de los aludidos en este pasaje. Él era tanto rey como profeta. *"Hermanos, les puedo decir confiadamente que nuestro padre David... Siendo pues profeta... y viéndolo de antemano habló..."*. (Hechos 2:29-31 LBLA). Es lo que hacen los profetas. Ven más allá de su día y hablan en consecuencia.

El rey y el profeta es la combinación apóstol/profeta del Antiguo Testamento. Presuponer que los apóstoles son reyes es posible, siempre y cuando se trate de reyes a la hechura de Dios, altamente favorecidos para servir en forma más efectiva —los más pequeños de todos.

Hambre Aumentada

Todos esos encuentros cara a cara se adelantaron a su tiempo en el sentido de que ese nivel de intimidad se haría normal solo después de que la sangre de Jesús fuese derramada. Incluso Gedeón tuvo que pellizcarse para asegurarse de que seguía con vida después de su encuentro con Dios (ver Jueces 6:22-24). Parecía sorprendido al descubrir que, efectivamente, seguía vivo. El Antiguo Testamento está lleno de gente que llegó a saborear cosas antes de tiempo. Avances de la película.

¿Te ha pasado que fuiste a ver una película porque los anuncios la hicieron ver tan divertida, pero al verla te diste cuenta de que todos los momentos divertidos estuvieron en los avances que viste? ¡Vaya desilusión! La película nunca superó la emoción del anuncio de 60 segundos. Lo bueno es que Dios no es así. Nos atrae y nos acerca hacia la fe de lo imposible, para luego superarse a sí mismo por completo. Él es justo así. Nos da un destello de lo que viene, sabiendo que incluso aquellos que lo vieron venir se sorprenderían al llegar la hora de la verdad. Sus próximas obras ya están representadas con palabras e imágenes, pero nunca podrán contener por completo su trabajo. Él supera cualquier descripción y la expectativa que todos tienen sobre lo bueno que es. Él es extremo en toda forma y manera.

Hemos recibido uno de los mayores privilegios de todos los tiempos: Abundar en esperanza en tiempos de desaliento. Es como ver la luz sobre una colina. A pesar de todo, muchos de quienes han recibido el honor de ser mayordomos de esa esperanza, han permitido que las presiones de esta vida les desvíen lejos de su propósito. Y quien debía ser una fuente de esperanza termina reflejando la desesperanza de quienes carecen de Cristo. Esto es dolorosamente cierto en lo que respecta a estos últimos tiempos. Cuando consideran el futuro, solo les queda alegrarse en verdad por el hecho de que la eternidad está cerca. Y deberían. Esa debe ser la mayor esperanza de cada creyente. Pero deberíamos invertirnos más en nuestra tarea que en nuestro destino.

Debemos ser conocidos por la esperanza diaria en la que vivimos, ya que los propósitos de Dios siempre son grandiosos. Él hará todo lo necesario, de acuerdo con Sus promesas para Su esposa victoriosa. Cuando Jesús dijo que habría *guerras y rumores de guerras*, no nos estaba dando una promesa (ver Mateo 24:6). Él describía las condiciones bajo las cuales liberaría a Su ejército de personas transformadoras para los tiempos finales.

Fotos Instantáneas Proféticas

Consideremos solo algunas cosas de las que vieron y que les avisaba sobre lo *más grande* que se avecinaba. Además de las promesas de los profetas acerca del Mesías que vendría, de que la Tierra se llenaría de Su gloria e Israel se elevaría a la restauración de su prominencia, ahí se encontraban las experiencias, los símbolos, los tipos y sombras. Todas ellas hablaban de algo que vendría, y que sería mucho más grande. Por ejemplo:

- Sacrificaban ovejas reconociendo que vendría un cordero quien expiaría el pecado para siempre. Dios se proveería así mismo de un Cordero.

- Todo el mobiliario del Tabernáculo de Moisés se colocaba en forma de cruz. Sacrificaban dentro de este Tabernáculo aun cuando la cruz no era todavía una forma de castigo corporal.

- Cada mueble hablaba del Mesías, representando algo

90

distinto sobre la naturaleza y función de Cristo, es decir, la mesa de los panes de la proposición —Jesús como el Pan de Vida; el candelero —Jesús como la Luz del mundo, etc.

- Abraham buscó instintivamente una ciudad cuyo constructor y hacedor fuera Dios (ver Hebreos 11:9-10). Ese clamor por el Reino venidero llegó antes de que existiera cualquier profecía concerniente a él o incluso enseñanzas de los maestros de la ley.

- David aprendió algo en la presencia de Dios que no podría ser enseñado por la Ley, Dios verdaderamente no deseaba el sacrificio de toros y cabras. Él anhelaba el sacrificio del corazón: el quebrantamiento y la total rendición (ver Salmo 51:17).

- David descubrió que Dios habitaba en la alabanza (ver Salmo 22:3 LBLA).

- Solo los sacerdotes podían llevar la presencia de Dios. No debía ser puesta en carretas de bueyes o cualquier cosa hecha por el hombre (ver Éxodo 25).

Esta lista es interminable en sus posibilidades y profunda en su impacto. Dios proveyó entendimiento con mucha anticipación. Cuando Él nos muestra lo que viene, no es para que creemos estrategias y un plan. Es para que tengamos hambre y atraigamos a nuestro día lo que está reservado para otro día.

Ellos tenían la sensación de que algo glorioso venía y que estaba más allá de cualquier descripción. En verdad creo que una de las obras principales del diablo es que descartemos el momento en el que vivimos. Si idolatramos otra era, no veremos la importancia de la nuestra.

Pasado, Presente y Futuro

Particularmente en mi adolescencia, y al principio de mi edad adulta, fui muy activo en los deportes. Sea que se trate de béisbol, tenis o golf, el *swing*[2] tiene tres componentes básicos. Está el *backswing*[3], el *punto de contacto*, y el *seguimiento*. Los atletas disciplinados y entrenados aprenden a ser consistentes en las tres cosas. Metafóricamente hablando, el *backswing* es nuestra historia, mientras que el *punto de contacto* es el momento en el que vivimos. El *seguimiento* es el destino y el futuro que van de acuerdo con la promesa.

Nuestro *backswing* es la historia personal y los logros de Dios para nuestras vidas a través de Cristo. Heredamos Su historia como si fuera la nuestra. Él tomó lo que nos tocaba para que pudiésemos recibir lo que Él se merecía. El *punto de contacto* es este momento en el que nos encontramos, cuando nos damos cuenta de que Dios tiene un propósito único para nuestras vidas. No se trata solamente del futuro. Por eso el momento en que estamos es tan magnífico, pues solo la incredulidad y la introspección pueden robarme de su plenitud. El *seguimiento* es un futuro lleno de esperanza porque la historia es tan sólida y segura. El *seguimiento* se encuentra en la misma trayectoria que el *backswing*. En otras palabras, cuando el *backswing* es correcto y el punto de contacto es correcto, el *seguimiento* puede predecirse. Uno es la preparación del otro. Él se nos ha adelantado para asegurar plenamente nuestro futuro. La fidelidad nos mantiene sincronizados con Su plan perfecto. Siempre que Dios nos da una promesa, es porque Él ha ido hacia nuestro futuro a traer de vuelta la palabra necesaria para llevarnos hasta ahí.

A lo largo de la Biblia, Dios está creando un deseo dentro de los corazones de Su pueblo no solo del Cielo como una mera ubicación, sino del Cielo como el dominio de Su gobierno actual. Es correcto y bueno anhelar el Cielo como mi hogar. Pero es mi responsabilidad anhelar igualmente Su gobierno aquí y ahora. El trabajo de Dios es llevarme al Cielo. Pero mi trabajo no es ir al Cielo, mi trabajo es hacer descender el Cielo a la Tierra a través de mis oraciones y mi obediencia.

La Casa es una Puerta que es una Casa

Una de mis imágenes favoritas de la Iglesia es la historia de Jacob en el Antiguo Testamento, en Génesis 28. Quizá sea la naturaleza abstracta de la historia lo que me atrae. No estoy seguro. Pero sé que hay una promesa de vital importancia aquí, que se necesitará una generación muy especial para extraerla por completo.

> *Entonces Jacob salió de Beerseba y se fue hacia Harán. Cuando llegó a cierto lugar, se quedó allí a pasar la noche, pues el sol ya se había puesto; y tomó una de las piedras del lugar, la puso debajo de su cabeza y se acostó a dormir. Él tuvo un sueño y he aquí, una escalera fue puesta en la tierra y con su punta llegaba hasta el cielo; y he aquí, los ángeles de Dios subían y bajaban por ella... Entonces Jacob despertó de su sueño y dijo, "Ciertamente el Señor está en este lugar, y yo no lo sabía". Y tuvo mucho miedo y pensó, "Qué asombroso es este lugar, es nada menos que la casa de Dios, y ésta es la puerta del cielo"... Él llamó el nombre de aquel lugar Betel".* (Génesis 28:10-12,16-17,19 TLA).

Esta es la primera mención de la casa de Dios en la Biblia. Uno de los principios más significativos en la interpretación de la Biblia es que la primera mención de algo en las Escrituras tiene un peso adicional. Así se establece el estándar para un tema que el resto de la Escritura respaldará y añadirá. La parte que sí es bastante extraña de este ejemplo de la casa de Dios es que ahí no hay ningún edificio. No existe un tabernáculo ni una tienda movible, ni mucho menos un templo permanente. Es Dios y el hombre a la orilla de una colina. Es una gran imagen de la realidad desde la perspectiva de Dios. Es la casa de Dios.

Los elementos de esta historia son simples: el Cielo abierto, la voz del Padre, los ángeles subiendo y bajando, una escalera apoyada en la tierra y llegando hasta el cielo. Esto es la imagen de la Iglesia en su totalidad. Pero la parte más asombrosa es la conclusión a la que llega Jacob a partir de esta revelación. *Esta no es más que la casa de Dios, la puerta del cielo.* ¿Lo notaste? La casa de Dios es la puerta del Cielo.

Las puertas son cosas simples pero interesantes, y forman parte de nuestra vida diaria. Quizá tengas una que te saque de tu patio delantero a la acera pública, o de tu patio trasero a la entrada de tu cochera. Una puerta es un lugar de transición que te lleva de un dominio o lugar a otro.

Esta imagen es muy profunda. La Iglesia es la eterna morada de Dios. Y en este momento en el tiempo es un edificio construido al margen de los dos mundos. Somos ciudadanos duales del Cielo y de la Tierra. Como tales, no solo somos los que debemos orar para que el Reino de Dios venga a nosotros, sino que somos las herramientas utilizadas a menudo por Dios para liberar aquella realidad sobre ésta. No estoy seguro de que siempre tengamos que saber la magnitud de lo que estamos haciendo o el impacto alcanzado. Pero nos sería útil entender que nuestra obediencia siempre desata Su mundo sobre el nuestro de una manera que es más sustancial de lo que jamás creímos posible.

Instrucciones Sorprendentes

Dios les había revelado mucho a los profetas, no solo a través de sus profecías, sino también por sus experiencias celestiales. Como se mencionó, creo que en los corazones de los profetas y hasta en el de las personas promedio, se escribió que había más, mucho más de lo que alguna vez se había considerado posible. En la naturaleza de la humanidad está el apetecer, soñar y desear. No apetecerías algo dulce si lo dulce no existiera. De la misma forma, el hambre por querer más de Dios testifica que hay más y que está disponible. Eso fue lo que llevó a Abraham a buscar lo invisible. *"Él buscaba la ciudad que tiene cimientos, cuyo arquitecto y constructor es Dios"* (Hebreos 11:10). Era la convicción interna de que algo sustancial, más real, eterno y construido por el mismísimo Dios, está disponible para todos.

Jesús les habló a sus discípulos de una manera muy extraña. Él dijo, "En la casa de mi Padre muchas moradas hay; si así no fuera, yo os lo hubiera dicho; voy, pues, a preparar lugar para vosotros". (Juan14:2 RVR). Pensaríamos que lo que Él quiso decir fue: Si así fuera, te lo diría. O, porque es así, te lo he dicho. Pero ¿Por qué Su enfoque fue tan opuesto a nuestro pensamiento? No tenía necesidad de prometerles aquello sobre lo que ya percibían en su interior. Él le está hablando a un entendimiento pobre sobre los reinos celestiales que existen en el corazón de cada persona. Él reconoce esa realidad. Su trabajo era decirles que su conciencia interior, sus sueños íntimos, no eran ciertos y no tenían bases en la realidad, si así no fuera...

Jesús es la Luz que ilumina a todo aquel que llega al mundo. Todos han recibido esta iluminación. Pero el ajetreo, la vergüenza y el orgullo nos impiden entrar en contacto con el entendimiento de lo invisible que Dios ha puesto en la conciencia de cada persona nacida en esta tierra. Lo que hagamos con este entendimiento depende de cada uno.

La Oración de los Profetas

Solo puedo imaginar la naturaleza de los sueños de los profetas. Ellos no solo poseían la conciencia innata de que había más, algunos de ellos le habían dado un vistazo a lo que se avecinaba. Algunos incluso vieron el Cielo, el trono de Dios y los misteriosos reinos angelicales. El apetito generalizado era que el mundo de Dios tuviera un efecto sobre el nuestro. Incluso, Isaías oró: *"¡Oh, si rasgaras los cielos y descendieras!"* (Isaías 64:1). Era una palabra profética en forma de oración. La oración ungida siempre es de una naturaleza profética.

El clamor para que el Cielo influyera en la Tierra había vuelto a explotar desde lo profundo del corazón. Esta vez fue el de un profeta. Dios ya había preparado el escenario para responder a esto e instruyó a Isaías a orar y a declararlo.

NOTAS FINALES

1. Este concepto lo desarrollo en mi libro, *Dreaming with God*, Capítulo 10, comenzando en la página 169

2. *Giro* en inglés. El autor se refiere al movimiento que siguen los brazos para lanzar una pelota, como en el beisbol, o para golpear con el bastón como en el golf.

3. *Giro hacia atrás* en inglés. El autor hace referencia al movimiento de los brazos para tomar impulso.

6

RESPUESTAS A
CLAMORES ANCESTRALES

Los clamores por Dios, algunos de justos y otros de injustos, han resonado a través de los siglos. Crecí escuchando que había un vacío en forma de Dios en el corazón de cada persona. Y así lo creo.

Este anhelo por Dios se ve de muchas maneras, incluyendo al impulso por mejorar las cosas en la vida. He viajado por todo el mundo y me he dado cuenta de que el deseo de descubrir cosas nuevas y mejorar las existentes, es algo que existe en todo grupo de personas. Esta pasión está firmemente arraigada en todos.

Dios nos creó con deseos, pasiones y la capacidad de soñar. Todos estos rasgos son necesarios para verdaderamente hacernos como Él. Con estas habilidades, podemos descubrir más de Dios, nuestro propósito en la vida, y tanto la belleza como la plenitud de Su Reino. Cuando estas habilidades tienen rienda suelta sin un propósito divino, nos pueden llevar al fruto prohibido. Era un riesgo que Dios estaba dispuesto a tomar para llegar a Su sueño —aquellos hechos a su imagen, que lo adoran por elección, que llevan Su Presencia hacia toda la Tierra.

Isaías representó el clamor de toda la humanidad cuando oró: *"¡Rasga los cielos y desciende!"* De alguna manera se sabía que las realidades del Cielo y la Tierra deben estar más próximas entre sí. En esta oración, el clamor para que el Cielo influyera en la Tierra había vuelto a explotar desde el corazón. Esta vez provino de un profeta. Dios ya había preparado el escenario para responder e instruye a Isaías a hacer la declaración divina. Se trató de una palabra profética en forma de oración.

La respuesta del cielo llegó. La revelación y liberación del programa redentor de Dios es ahora imparable.

El Cielo es una Persona

El bautismo en agua de Juan fue conocido como el bautismo del arrepentimiento. Eso hizo que la petición de Jesús a Juan para bautizarle fuera extraña y bastante difícil de procesar. Jesús no tenía pecado del cual tuviera que arrepentirse. Pero el bautismo de Juan también era parte del anuncio de que el Reino se encontraba cerca. Cuando Juan dijo que el Reino estaba cerca, profetizaba sobre lo que Jesús manifestaría y liberaría.

Juan sabía que no era digno de bautizar a Jesús. De hecho, confesó su necesidad por el bautismo que Jesús traería, en el Espíritu Santo y fuego (ver Mateo 3:11). Pero Jesús insistió. Estar dispuesto a hacer aquello para lo que no estás calificado es, a menudo, lo que te califica.

Jesús respondió a la objeción de Juan: *"Permítelo ahora; porque es conveniente que cumplamos así toda justicia".* (Mateo 3:15 NBLA). La justicia se cumplió en este hecho porque Jesús se convirtió en el servidor de todos, se identificó con la humanidad pecadora, y se posicionó para anunciar que el Reino de Dios estaba cerca. El anuncio trajo la liberación, pues nada sucede en el Reino hasta que primero se emite una declaración.

Cuando Jesús fue bautizado en agua, el Cielo se dio cuenta. He aquí una descripción interesante del momento divino:

En seguida, al subir del agua, Jesús vio que el cielo se abría y que el Espíritu bajaba sobre él como una paloma. También se oyó una voz del cielo que decía: «Tú eres mi Hijo amado; estoy muy complacido contigo» (Marcos 1:10-11).

Jesús vio *que el cielo se abría.* Lo que se había prometido a través de los siglos ya había comenzado. Pero nadie esperaba esto: el Cielo invadiendo la Tierra a través de la humildad de un hombre: el Hijo de Dios, el Hijo del Hombre.

La palabra *abrir*[1] puede traducirse de varias formas, separar o partir, por ejemplo. En varios pasajes, esta misma palabra se traduce una vez como *abrir*, otra como *romper* y otra más como *desgarrar*; dos veces como *dividir* y otras dos como *arrancar*; y por último cuatro veces como *rasgar*. Curiosamente, es la misma palabra usada para describir tanto el velo del templo que se rasga, como las rocas que se parten a la hora de la muerte de Jesús, mientras el Cielo y la Tierra tiemblan como testigos de la injusticia de aquel momento: Uno muriendo en forma tan perfecta por aquellos que merecen la muerte. *"Y he aquí, el velo del templo se rasgó en dos, de arriba abajo, y la tierra tembló y las rocas se partieron"* (Mateo 27:51 TLA). En otras palabras, cuando los cielos se abrieron en el bautismo de Jesús por Juan, no fue simplemente que se abrieran las nubes. Fue un acto violento, primero representado por el lenguaje de Isaías cuando oró, *"¡Rasga los cielos y desciende!"* (Isaías 64:1). Una invitación en nombre de la humanidad había sido hecha, y Dios respondió en persona.

Romper los cielos fue en sí mismo un acto de gracia y gloria absoluta, lo que resultó en las fuerzas espirituales de las tinieblas sufriendo graves consecuencias. El Hombre, Cristo Jesús, ahora se viste con el Cielo, completamente equipado para todos Sus propósitos terrenales. Su equipamiento fue un anticipo profético de lo que pronto sería puesto a disposición de todos.

Señales para Hacerte Pensar

El velo del templo, las rocas por todo Jerusalén y los cielos experimentan el mismo acto de violencia. Dan testimonio de que el Rey de un Reino superior acaba de entrar en la escena.

- *El velo:* Dios ya no estaba atado a un Antiguo Pacto, pues los requisitos se habían cumplido a través de la muerte de Jesús. Fue rasgado de arriba para abajo, como suele ser Su obra.

- *Las rocas:* Los lugares más duros de la Tierra, respondieron al cambio de era, partiéndose para indicar que Jesús, el Rey de gloria, era bienvenido para gobernar aquí.

- *Los cielos:* El príncipe de la potestad del aire no tenía autoridad sobre Jesús, quien a partir de ese momento era el prototipo de cada creyente que caminaría sobre la Tierra después de Su muerte, resurrección y ascensión al Cielo.

Entonces, En este acto violento, ¿qué pasó cuando a los cielos literalmente se les rompe para abrirlos? El Espíritu de Dios descendió. Esta fue la respuesta a la oración de Isaías. La respuesta al clamor de los reyes y profetas quienes anhelaron suplicantes por este día. Jesús preparó el camino para que Su experiencia se convierta en nuestra experiencia. El Espíritu Santo, el tesoro celestial de quien Jesús y el Padre hablaron con tanta reverencia, ha sido liberado en la Tierra. Buscar otro Cielo abierto implicaría administrar incorrectamente el que ya nos ha sido dado.

Cielos Abiertos

Cada creyente tiene un cielo abierto. Para el creyente, la mayoría los cielos cerrados se ubican entre los oídos. Cuando vivimos creyendo que los cielos sobre nuestras cabezas son de bronce, le es muy conveniente al diablo, ya que nos pone en una postura defensiva. Esto viola la misión que Jesús llevó a buen término por nosotros. Con Su comisión nos puso en la línea ofensiva, *"¡Vayan!"* Recuerda, creer una mentira le da poder al mentiroso.

Ahora bien, esto no significa que la oscuridad no pueda proyectar una enorme sombra sobre una persona, o incluso una ciudad o hasta una nación. A menudo nos encontramos en ambientes espiritualmente oscuros. Podría llevarte a lugares oscuros que podrían hacerte temblar por el prevalente, destructivo y dominante ambiente. Con todo eso, se trata de un poder inferior, con el que no me tengo que impresionar. Mi atención debe estar en las provisiones y promesas de Cristo y en el Cielo abierto sobre mí. Creo que mantener mi enfoque sobre esas cosas describe, al menos en parte, lo que significa permanecer en Cristo (ver Juan 15:4). Además, nuestra negativa al miedo le recuerda al diablo que ¡ha sido aniquilado! (Vea Filipenses 1:28.) Si por alguna razón no puedes discernir qué hacer en un entorno determinado, ¡Adora! En caso de duda, siempre adora.

No podemos permitir que la oscuridad le dé forma a nuestra conciencia de la atmósfera celestial que habita sobre nosotros. El *tamaño* del Cielo abierto sobre nosotros es afectado en cierta medida por nuestra madurez y rendición al Espíritu Santo. Imagina que el

Cielo abierto es como un gran roble. Mientras más grande y estable sea el árbol, más gente puede ponerse bajo su sombra. Los creyentes maduros portan la atmósfera del Cielo de tal forma que otros puedan pararse bajo su sombra para recibir protección. Usando otra analogía, otros pueden *aprovechar* nuestros logros y cambiar.

Vivir sin darse cuenta del Cielo abierto sobre nosotros es contribuir a la guerra contra nuestras mentes y corazones en lo que respecta a la verdad de las Escrituras. Al vivir así, nuestra perspectiva será ver siempre lo que no ha ocurrido en lugar de vivir de lo que ya ha sucedido. Le debemos a Dios el vivir conscientes de lo que Él ha hecho y beneficiarnos de la realidad que Él ya ha dispuesto para nosotros. Nos sale caro el no hacerlo. Los cielos fueron rasgados y abiertos, y no hay poder demoníaco que pueda volver a cerrarlos. Además, el Padre anhela al Espíritu que vive en nosotros. ¿Qué poder habría en la oscuridad que pudiera bloquear su comunión? Pero cuando la prioridad de nuestro entendimiento es el enemigo y sus planes, instintivamente vivimos listos para reaccionar ante la oscuridad. Nuevamente, si así lo hago el enemigo tiene un papel que influye en mi agenda. Y no es digno. Mi vida debe ser vivida en respuesta a lo que el Padre está haciendo. Esa es la vida que Jesús modeló para nosotros.

El Cielo está lleno de perfecta confianza y paz, mientras que este el mundo sobreabunda con caos y desconfianza en Dios. Siempre reflejamos la naturaleza del mundo del que somos más conscientes. Vivir conscientes de cielos abiertos presenta incalculables resultados.

¿Puede Dios Venir a Donde Ya Está?

Algunas personas se molestan cuando hablamos acerca de Dios entrando en una situación, Su Espíritu cayendo sobre nosotros o el Espíritu Santo moviéndose en una reunión, etc. A menudo, cuando nos preparamos para ministrar a la gente, invitamos al Espíritu Santo a venir, al estilo de John Wimber. La pregunta es:

"¿Por qué invitar a Dios a venir cuando Él ya está aquí?" Es una buena pregunta. No tendría ningún sentido orar de esa manera a menos que entendamos que hay diferentes medidas y dimensiones de la Presencia de Dios. Cuando Él está aquí, siempre habrá más por venir. Es importante tener hambre y darle la bienvenida a ese incremento. Isaías tuvo una percepción de esta realidad, al decir: *"vi al Señor excelso y sublime, sentado en un trono; las orlas de su manto llenaban el templo"*. (Isaías 6:1). La palabra *llenaban* implica que Su manto llenaba el templo, pero luego siguió derramándolo. Él vino, pero siguió llegando. ¡Siempre hay más!

Ésta es una lista mínima y parcial de tales medidas de Su Presencia; cada una es un aumento de la anterior:

- Primero, Dios habita en todo y sostiene todas las cosas juntas (ver Colosenses 1:17). Él está en todas partes, el pegamento que sostiene Su creación en su lugar.

- Una segunda dimensión de la Presencia de Dios es Su morada como el Espíritu Santo en las vidas de aquellos que han nacido de nuevo. Él viene específicamente a hacernos Su tabernáculo.

- Se evidencia una tercera dimensión cuando los creyentes se reúnen en Su nombre. Como Él lo prometió, Él está *"allí en medio de ellos"* (Mateo 18:20). Aquí es donde el principio del aumento exponencial entra en juego.

- Una cuarta medida o dimensión ocurre cuando el pueblo de Dios lo alaba, pues Él dice que Él *"habita en las alabanzas de su pueblo"* (ver Salmo 22:3). Él ya está en medio de nosotros, pero ha elegido manifestarse sobre nosotros con más fuerza en esa atmósfera.

- Una quinta medida se ve cuando el Templo de Salomón fue dedicado: Dios vino tan profundamente que los sacerdotes estaban incapacitados (ver 1 Reyes 8:10-11). Nadie podía siquiera estar de pie, mucho menos tocar instrumentos o cantar. Estaban completamente deshechos ante esta medida de Su Presencia.

Menciono estos cinco niveles como fundamentos, en un esfuerzo por dar una imagen de cómo Dios anhela aumentar Su manifestación sobre Su pueblo. En la práctica, tanto el día de Pentecostés como el don del bautismo en el Espíritu Santo ilustraron todos estos principios combinados, puesto que la ciudad entera cayó bajo la influencia de la Presencia manifiesta de Dios.

Estas diversas medidas de Presencia se registran tanto en la historia como en las Escrituras. La historia de la reforma y el avivamiento nos enseñan lo que se encuentra disponible. La responsabilidad sobre la medida de la Presencia de Dios que portamos, es nuestra. Siempre tenemos lo que deseamos fervientemente.

Viviendo por Algo

Es fácil preocuparse tanto por la visión de nuestras vidas que perdemos el proceso por completo. Estamos aquí para crecer hacia la madurez de Jesús, llevarle tantos conversos como nos sea posible, y transformar cualquier lugar en el que tengamos autoridad e influencia. De lo que a veces no nos damos cuenta, es que todas esas asignaciones son imposibles. Cada una de ellas. Pero, curiosamente, son posibles si son el fruto de otra cosa. Y esto es *una cosa* que sí podemos hacer. Permíteme explicarlo.

Somos llamados a tener comunión con Dios. En este proceso, Él no solo ha hecho posible conocerle, sino también que viva dentro de nosotros e incluso que repose sobre nosotros. Todo que podríamos desear de la vida fluye de ese privilegio. El Rey David entendió este concepto mejor que la mayoría de los creyentes del Nuevo Testamento. Se refirió a él como *una cosa* (ver Salmo 27:4). Todas las cosas de la vida se reducen a una cosa: cómo administramos la Presencia de Dios. Administrar la Presencia de Dios, albergar Su Presencia, es la única forma en la que estos sueños imposibles se pueden concretar.

En realidad, el cumplimiento de estos sueños viene como consecuencia de recibir Su Presencia y atenderla bien. Jesús afirmó este principio de vida cuando enseñó: *"Pero buscad primero su reino y su justicia, y todas estas cosas os serán añadidas"*. (Mateo 6:33 RVR). El Reino de Dios no está separado de Su Presencia verdadera. El Reino tiene un Rey. En realidad, el Reino de Dios está dentro de la Presencia del Espíritu de Dios. *"Porque el reino de Dios es... en el Espíritu Santo"* (Romanos 14:17). Este mandamiento de Jesús es priorizar nuestras vidas hasta llegar a una cosa singular que, finalmente, sea la evidencia de una vida recta.

Una vez hice que el Señor me despertara en la noche con Su voz. Él me dijo que Él vela por la vigilia de quienes velan al Señor. Han pasado ya varios años desde ese encuentro. Pensar en ese momento todavía me emociona y desconcierta al mismo tiempo. El "velar" representa las responsabilidades dadas por Dios. Es lo que hace un vigilante; examina su responsabilidad para asegurarse de que las cosas están a salvo y debidamente cuidadas. Esencialmente, Dios me estaba diciendo que cuidaría de mi guardia (responsabilidades) si yo hiciera del "velar al Señor" mi única responsabilidad. Fue Su invitación para que me enfocara en Su Presencia.

Cuando hablamos de nuestras responsabilidades en la vida, muchas cosas buenas vienen a nuestras mentes. Pero para mí, en estos momentos, todo se reduce a la única cosa: Su Presencia. ¿Qué hago con Su Presencia? ¿Qué lugar ocupa la Presencia manifiesta de Dios con cómo pienso y vivo? ¿La Presencia de Dios afecta la visión y el enfoque de mi vida? ¿Cuál es el impacto de *una cosa* en mi comportamiento?

La Puerta a una Ciudad Transformada

En el capítulo uno de Hechos, Jesús se apareció a quinientas personas, les dijo que no se fueran de Jerusalén hasta recibir la promesa del Padre. Los once discípulos restantes de Jesús eran una parte del grupo. En Juan 20, los 11 ya habían recibido el Espíritu Santo, pero aun así se les ordenó permanecer en Jerusalén por lo que el Padre había prometido. Se organizó una reunión de oración. Después de diez días, solo ciento veinte personas quedaron.

Tan apreciado como lo es en nuestros corazones este día, francamente no estoy seguro de que podamos ver su trascendencia. El día de Pentecostés, se dio el bautismo en el Espíritu Santo. El bautismo en el Espíritu Santo es llamado la Promesa del Padre. El Padre, quien solo da buenas dadivas, nos ha dado este regalo. Toda vida fluye únicamente de Él. Él es el orquestador y el conductor de la vida, y ha dado una promesa. ¡Y esta es justo esa promesa! Este es Su especial regalo. Es una promesa que nos reintroduce al propósito original de la humanidad: un pueblo preparado para llevar la plenitud de Dios sobre la Tierra (ver Efesios 3:19). Esto solo es posible a través del bautismo en el Espíritu Santo —¡un bautismo de fuego!

De repente, vino del cielo un ruido como el de una violenta ráfaga de viento y llenó toda la casa donde estaban reunidos (Hechos 2:2).

Un ruido vino del Cielo. Dos mundos se encontraron. Fue como una violenta ráfaga de viento. La palabra *violenta* es *phero*. De las 67 veces que esa palabra se traduce en el Nuevo Testamento, solo es traducida una vez como *violento*. Las otras veces tiene el significado de *llevar, portar* o *producir*. Sería una tontería que yo sugiriera un cambio de traducción. Pero quisiera sugerir que le añadiéramos el aspecto de *producir* a nuestra comprensión de su significado. Si así fuera, ¿podría ser que la palabra *violenta* implicara que se trataba de un ruido, una ráfaga impetuosa, que *trajo* o

Respuestas a Clamores Ancestrales

produjo algo desde su lugar de origen hasta su destino —del Cielo a la Tierra? Creo que sí.

Ruido puede ser traducir como *rugido*. Dios habló la existencia de los mundos. Su palabra es la fuerza creadora. *"Por la palabra del Señor los cielos fueron hechos, y por el aliento de su boca todas sus huestes"* (Salmos 33:6; ver Génesis 1:3-24). Este sonido pudo haber venido de la boca de Dios, soltando algo en la Tierra que los profetas anhelaban ver y formar parte desde el principio. Agrega a esto el hecho de que Dios mismo cabalga sobre el viento (Salmo 104:3). Entonces vemos que este es un momento en el que Dios cabalga sobre el viento, sobre un sonido, sobre el aliento del Cielo, restaurando la humanidad a su propósito. Sin lugar a duda, la invasión más dramática del Cielo a la Tierra sucedió en este momento. Fue *el* momento decisivo. Esto es lo que el Padre había prometido.

Las Ondas en el Aire
Llevan el Sonido del Cielo

Este sonido ciertamente trajo una realidad de ese mundo a este. Este sonido celestial transformó la atmósfera sobre la ciudad de Jerusalén. En un momento pasó de ser la ciudad que crucificó a Jesús a una ciudad que quería saber qué hacer para ser salva. ¿Cómo fue que ocurrió? A través del sonido —un sonido del Cielo. Tanto el sonido como la luz son vibraciones. Y ese día la vibración del Cielo fue la que le instauró un ritmo diferente a una ciudad que no sabía a qué ritmo marchaba. Por primera vez lo pudieron ver.

La casa de Dios es la puerta del Cielo. Recuerda, se trata de la casa construida en los límites de dos mundos. Y al abrirse a lo que Dios hace aquí, evidenciamos el efecto en su entorno. Literalmente hubo un a liberación de algo de ese mundo, *a través de la*

107

puerta, hasta este mundo. Una ciudad fue dispuesta para experimentar un cambio incomprensible.

El sonido celestial se escuchó y se experimentó en la Tierra. El rugido del Cielo convocó a esta ciudad para cumplir su propósito y llamado. Dos mundos colisionaron en ese momento, y el reino inferior de la oscuridad dio paso a la naturaleza superior de Su Reino. Tenemos el privilegio único de portar Su Presencia. Al hacerlo, causamos un conflicto único para que ambas realidades, llamadas Cielo y Tierra puedan bailar juntas en perfecta armonía.

Esta imagen es similar a lo que sucedió en el bautismo de Jesús, pues también se trató de una actividad violenta del Cielo. Trastornó a los poderes que estaban acostumbrados a ocupar ese espacio. Y en Hechos 2, el Espíritu Santo fue liberado de la misma manera que en el bautismo de Jesús, pero esta vez sobre Su pueblo, en lugar de sobre Jesús. Es importante señalar que la violencia en el ámbito espiritual siempre es un momento de plena paz para Su pueblo. Así es como el Príncipe de Paz puede aplastar a Satanás debajo de nuestros pies (ver Romanos 16:20). Otra forma de decirlo es que cada momento lleno de paz que experimentas les trae terror a los poderes de las tinieblas. Solo en el Reino de Dios, la paz es un artefacto militar.

Una Ciudad Restaurada

Cuando ese misterioso sonido fue liberado en el día de Pentecostés, miles de personas comenzaron a reunirse junto a los ciento veinte en el aposento alto. Eran las nueve de la mañana. La gente seguía preparándose para empezar su día. Pero dejaron todo. Los hombres soltaron sus herramientas, las mujeres hicieron que sus hijos dejaran a un lado sus juguetes. Aquel sonido que colmó el aire también llenó sus corazones. Imagina el cambio de atmósfera, pero esta vez, sobre una ciudad entera.

Esta es la ciudad que se levantó para crucificar a Jesús. Si algo bueno tenían era justo Su presencia entre ellos, y la destruyeron al responder al espíritu de homicidio, lo único que la gente civilizada se enorgullece en resistir. Sin embargo, lo que brotó del corazón de Dios, el sonido liberado a través de ese Cielo abierto, estalló sobre una ciudad entera. Nadie sabe por qué la multitud se reunió frente al aposento alto. No se distribuyeron folletos ni carteles. No se hicieron anuncios. Pero sobre todos ellos se soltó este sonido que, por primera vez en sus vidas, despejaría el aire. Sus pensamientos eran claros. Podían razonar. Sintieron el propósito divino. Parecía como si Dios estuviese convocando a la gente. Y eso es exactamente lo que sucedió.

Cuando era niño, siempre creí que la gente se agrupó porque los ciento veinte hablaban en lenguas, que eran las lenguas nativas de todos los presentes. Pero eso no tiene sentido, especialmente en una ciudad internacional donde es muy común ver visitantes extranjeros. Se reunieron por un sonido, un sonido indistinguible, un sonido que llegó hasta la profundidad de los corazones de las personas. De no ser un acto de Dios, sería casi imposible hacer que las personas abandonen sus negocios, hogares y varias actividades para reunirse sin motivo alguno. Este sonido llegó a lo profundo del corazón de esta ciudad para restaurarla a su propósito original. Este lugar sería conocido como la ciudad de Su Presencia. El rey David hizo esa dedicación muchísimos años antes en el tabernáculo que construyó dentro de esa ciudad, que estaba dedicado a la adoración, las 24 horas del día, los 7 días de la semana.

Para ilustrar la naturaleza de este sonido, me gusta compararlo con el de un instrumento musical. Un músico talentoso puede producir un sonido casi mágico con el saxofón, mientras respira hábilmente a través de la lengüeta (o caña) colocada apropiadamente sobre la boquilla del instrumento. Ahora bien, de la misma manera, considere el aliento de Dios fluyendo a través de la lengüeta de los corazones de ciento veinte personas y liberando sobre una ciudad un sonido que cambia su atmósfera. Cuando cambias una atmósfera, cambias un destino. Eso es lo que la gente escuchó. Un sonido *armónico* que llegó porque ciento veinte que estaban juntos en unidad, no solo entre ellos, sino con el Espíritu de Cristo resucitado. Ese es el sonido que se escuchó hace unos 2,000 años. Un sonido que inició la entrada y acomodo de 3,000 personas en un solo día. El impulso creado a través de este Cielo abierto, hizo que la gente se *sumara*² a sus filas diariamente. (ver Hechos 2:47). Y continuó hasta abrirse más y más, por lo que pasaron de *sumarse* a *multiplicarse* (ver Hechos 9:31).

Una Vez Cobarde, No Siempre Cobarde

Cuando Pedro vio a la multitud reunirse tuvo muchísimas ganas de predicar. Este hombre, quien se revelaría como un cobarde pocos días atrás al ser interrogado por una sirvienta (ver Marcos 14:69), ahora se erguía heroico ante miles para proclamar las buenas nuevas. Recuerda, no era solo el hecho de que tenía que testificar ante una gran multitud. Se trataba de una multitud que ahora se burlaba de lo que veía, después de haber sido atraída a ese lugar. Este sermón llegó en medio de las manifestaciones más inusuales del pueblo elegido de Dios. Esta multitud pensó que las ciento veinte personas estaban borrachas. A menudo pensamos que las cosas que ahuyentan al mundo del Evangelio que en realidad los atrae a él. En realidad, los únicos que se alejan por esas cosas son quienes han sido instruidos de esa forma. (Muchos piensan que si somos capaces de preservar nuestra sobriedad, de algún modo protegemos la reputación de Dios. Sin embargo, Dios constantemente nos pide que renunciemos a nuestros derechos —incluyendo nuestra sobriedad). Entonces, la valentía levantó el corazón de Pedro, quien entendiendo el sentido de todo en un instante, produjo el mensaje perfecto para este momento. Los cobardes están a tan solo *un toque de Dios* para convertirse en predicadores valientes y poderosos.

"¿Qué debemos hacer para ser salvos?" (Ver Hechos 2:37.) Vaya respuesta de la multitud que semanas antes habían crucificado a Jesús. ¿Derivó del sermón de Pedro? No quiero restarle mérito a su profunda valentía, pero Pedro predicó bajo un Cielo abierto. Esta atmósfera transportaba el sonido del Cielo, cambiando la mentalidad de una ciudad entera en un instante. Su mensaje fue muy breve, pero lleno del poder que dio entendimiento para que la nerviosa burla se detuviera, revelando los problemas reales del corazón. En este particular mensaje 3,000 personas fueron salvas. Lo que se convierte en la peor pesadilla que el diablo pueda tener. De repente, las cosas progresaron desde la unción/el Cielo abierto existente en un Hombre, Jesús, hasta los ciento veinte, e impartido ahora a 3,000 nuevos creyentes. El potencial de este movimiento es ilimitado, ¡hasta que toda la Tierra sea llena de Su ¡gloria! Y esa es la intención de Dios a través de quienes le albergan bien, todo ello mientras se rinden al maravilloso Espíritu Santo.

De Qué Se Trata

Tengo una formación pentecostal, por lo cual estoy muy agradecido. Mis antecesores pagaron un alto precio por predicar y defender que hoy todavía existen el bautismo en el Espíritu y el hablar en lenguas. No haré nada para quitarles sus logros, y también agregaré todo lo que pueda. Después de todo, se los debo. Dicho esto, he visto que muchos han llegado a conclusiones equivocadas acerca de este Bautismo del Espíritu Santo. No es por las lenguas (que creo que son importantes y están disponibles para *todos*). Es por el *poder*. Y no es solo por el poder para los milagros. Es para que la atmósfera cargada de poder del Cielo pueda reposar sobre una persona, lo que fuerza a un cambio en la atmósfera sobre una casa, negocio o ciudad. Este bautismo es para hacernos testigos vivientes y ejemplos de la resurrección de Jesús —la máxima demostración del poder del Cielo. El Espíritu del Cristo resucitado es lo que llenó la atmósfera en el día de Pentecostés.

La Larga Reunión de Oración

Es fácil imaginar que después de diez días de orar juntos, estaban cansados y muy probablemente ya habrían agotado todas las listas de oración. De pronto, su afecto por Jesús llegó a un nivel que nunca antes habían conocido o experimentado. Sus espíritus recibieron el poder del Espíritu Santo en ese *abrupto* momento. Se sentían vivos, realmente vivos por primera vez en sus vidas. Hablaban de cosas que no entendían. El choque de dos mundos. La verdad es que el entendimiento de Dios, solo posible en ese reino celestial, influyó en el lenguaje de esos ciento veinte aquí en la Tierra. Fue así como empezaron a hablar de los misteriosos caminos y la poderosa obra de Dios.

Este bautismo se compara con el *vino*, no con el *agua*. El agua refresca mientras que el vino influye. Cuando Dios le llama a uno de los bautismos, un *bautismo de fuego*, obviamente no lo hace por mera ocurrencia. En este bautismo el Cielo ha venido para influir a la Tierra. Cuando llegó esa ráfaga de viento impetuoso y el lenguaje del Cielo brotó de sus labios, fueron también refrescados por aquello que les influenció. Pablo señalaría más tarde que orar en lenguas nos edifica. No dudamos que eso le sucedido a este reducido grupo. Para colmo, estaban hablando algo tan completamente satisfactorio, preciso y poderoso, que fue como haber experimentado un día completamente nuevo. Y lo estaban viviendo. Este lenguaje celestial brotó como una erupción desde el fondo de sus corazones. Pero por primera vez en sus vidas, de hecho, por primera vez en toda la historia, dijeron perfectamente lo que se tenía que decir, sin perder detalle alguno ni abreviándolo de algún modo.

El Espíritu de Dios habló a través de ellos con un entendimiento brillante sobre aquel a quien Él estaba exaltando. Su alabanza fue directamente desde el Espíritu de Dios, a través de sus labios rendidos y hasta Dios mismo. En este caso el intelecto humano fue omitido. Estaban *"hablando de las maravillosas proezas de Dios"* (Hechos 2:11). En esta ocasión, el lenguaje fue un lenguaje de alabanza, no de oración. Imagina el privilegio de poder hablar acerca de los grandes misterios de la naturaleza de Dios ante una ciudad que le había rechazado. Fue intoxicante, por no ir más allá. La intención del Señor es que este bautismo de fuego encienda cada corazón. Esto no podría expresarlo un pueblo motivado por un ministerio. Lo podría hacer de mejor manera un pueblo motivado por Su Presencia. No se trata de lo que yo pueda lograr para Dios. Se trata de quién va conmigo y de todo lo que haga para proteger esa valiosísima conexión.

Cuando Más Lleva a Más

Unos años después de este gran derramamiento del Espíritu, las cosas iban bastante bien. De hecho, los números aumentaban todos los días, y los milagros sacudían ciudades enteras. Un milagro pareció sacudir a todos cuando Pedro y Juan sanaron a un cojo (ver Hechos 3:1-10). A ellos, por su parte, se les atribuyó el mérito de una gran valentía. Como resultado fueron arrestados, interrogados, perseguidos y finalmente puestos en libertad. Tras su liberación, asistieron a una reunión de oración, pidiendo más audacia.

Ahora, Señor, toma en cuenta sus amenazas y concede a tus siervos el proclamar tu palabra sin temor alguno. Por eso, extiende tu mano para sanar y hacer señales y prodigios mediante el nombre de tu santo siervo Jesús». (Hechos 4:29-30).

Y el Espíritu de Dios entró nuevamente. Siempre necesitamos más. Muchos de los que hablan en lenguas piensan que están llenos del Espíritu Santo. Estar lleno del Espíritu Santo no se evidencia en las lenguas —se evidencia por estar lleno. ¿Cómo se sabe cuando un vaso está completamente lleno? Se desborda. Pedro, en el día de Pentecostés, fue lleno del Espíritu Santo. En

Hechos 4, Pedro se junta con muchas personas en una reunión de oración. Su abrumadora expresión fue clamar, pidiendo más. En oración, Pedro pidió más. No oró por alivio en medio de la persecución, sino por más osadía, esa expresión que a veces ofende, para ir a lo profundo del reino de las tinieblas a sacar más víctimas. La Biblia dice:

> *Cuando terminaron de orar, el lugar en que estaban congregados tembló; y todos fueron llenos del Espíritu Santo y hablaban con valentía la palabra de Dios.* (Hechos 4:31).

En Hechos 2, Pedro está lleno. En Hechos 4, necesita llenarse otra vez. ¿Por qué? Si se hace correctamente, debemos llenarnos frecuentemente. Hay un bautismo. Pero debemos vivir de tal manera que entreguemos todo cuanto nos dé, mientras nuestra capacidad por Él vaya en aumento. Cuando vivimos llenos del Espíritu Santo, experimentando el desbordamiento, solo más de Él será suficiente. Tener la necesidad de llenarse una y otra vez no es una señal de que algo haya salido mal. La continua dependencia por *más* es algo bueno.

El Propósito del Derramamiento

Muchos suponen que algo como el bautismo en el Espíritu Santo se hace principalmente para hacernos más útiles en el ministerio. Eso nos hace estar entre *los grandes*, es decir, nos convertimos en *profesionales* en áreas de la vida que en realidad estaban reservadas para los *románticos*. Mi amigo Bob Kilpatrick llamaría a ese enfoque *ley* en lugar de arte[3]. Hay partes de nuestro caminar con Cristo que nunca deberían reducirse a una lista de metas y logros. En lugar de ello, este privilegio inimaginable de portar Su Presencia, nunca debería reducirme a ser un obrero de Dios. La decisión de ser un sirviente o un amigo todavía es elegida por quienes nos rodean todos los días. Si bien es cierto que servirle completamente es uno de mis más altos privilegios, mi trabajo se manifiesta como fruto de mi amor. Este bautismo nos lleva al nivel más alto posible de intimidad.

El corazón de Dios en este tema se ve claramente en la asombrosa profecía de Ezequiel. *"No les ocultaré más **mi rostro**, porque habré derramado de **mi Espíritu"** (Ezequiel 39:29 RVR). En el derramamiento del Espíritu Santo está la revelación del rostro de Dios. No hay nada más grande. *"En el resplandor del rostro del rey está la vida, y su favor es como nube de lluvia en primavera"* (Prov. 16:15 RVR). La lluvia es una metáfora bíblica para el mover del Espíritu Santo, de ahí el término *derramamiento*. Este versículo también se vincula con el rostro de Dios, con Su favor y con el derramamiento de su Espíritu.[4]

La revelación del rostro de Dios mediante el derramamiento del Espíritu se hace disponible para todos. El derramamiento descrito en Hechos 2 fue el comienzo. El derramamiento del Espíritu es el cumplimiento de la búsqueda del rostro de Dios. Esto significa que a dondequiera que vayamos en el avivamiento, no podremos pasar por alto Su rostro. La única dirección a la que podemos ir es a clamar por una mayor medida de Su Presencia en el derramamiento. El Salmo 80 vincula el favor de Su rostro con la obra de Su mano. Los justos que buscan Su rostro en la intimidad son aquellos que pueden ser utilizados para realizar grandes hazañas. Los héroes de la fe se convirtieron en hombres y mujeres *"de la diestra* [de Dios]" (Salmo 80:17). Él "se los puso" como si fueran guantes, y los usó para demostrar Sus señales y maravillas. Nosotros debemos ser aquellos que ven lo que está disponible y que luchan para que sobre nosotros se derrame una mayor medida de Su favor.

Moisés experimentó la Presencia transformadora en su propio rostro. Fue el resultado de su encuentro personal cara a cara con Dios. El derramamiento nos lleva de nuevo a Su rostro. Y creámoslo o no, la experiencia de Moisés podría palidecer en comparación. *"Pues bien, si aquel ministerio fue así, ¿no será todavía más glorioso el ministerio del Espíritu?".* (2 Corintios 3:8). Entonces, a medida que damos prioridad al abrigo de Su Presencia, aprendemos a liberar el favor de Su rostro sobre la Tierra. Eso es lo que hace la gente con gran favor.

N O T A S   F I N A L E S

1. N. del T. En el texto original de Marcos, la palabra griega que se tradujo al castellano como *abrir* es la palabra *schizo*. El autor hace referencia a esta palabra, que es la que se traduce de todas esas formas y la que aparece dos veces en el pasaje de Mateo 27, pero traducida de dos formas distintas.

2. N. del T. Aunque hace referencia a las palabras "añadirse" y "multiplicarse" en el texto bíblico; en inglés, el autor está usando las palabras utilizadas para las operaciones aritméticas.

3. *El arte de ser tú mismo: Cómo vivir como la obra maestra de Dios* por Bob y Joel Kilpatrick, aborda este tema a la perfección. Es de Editorial Zondervan.

4. Mi libro, *Cara a cara con Dios*, de Strang Publishing hace de este tema su principal enfoque.

7

EL PROTOTIPO
DEFINITIVO

En alguna parte, alrededor de 10 años posteriores al día de Pentecostés, la iglesia experimentaba nuevamente los dolores característicos del crecimiento. Había sucedido al menos una vez, antes de Hechos 6 cuando algunas de las viudas no tenían cubiertas sus necesidades básicas. Se hizo evidente que cuidar a las personas correctamente requería de personas que pudieran entregarse al servicio práctico, mientras los apóstoles se entregaban a la oración y al estudio de las Escrituras. A los nuevos servidores se les llamó *diáconos*. Pero ahora existía un problema mucho mayor. Los gentiles se salvaban en gran número, afectando irremediablemente la cultura y naturaleza de este nuevo organismo llamado la Iglesia. Algunos dirían que ahora era "la cola la que meneaba al perro".

La iglesia de los judíos tardó un buen tiempo antes de que los gentiles se convirtieran en su verdadero énfasis. De hecho, estaban bastante contentos con la vida que llevaban juntos en Jerusalén, hasta que la persecución les golpeó. (Incluso los cielos abiertos no garantizan que no habrá oposición. Mientras haya gente que haga pactos con el diablo, habrá diferentes niveles de oposición contra el pueblo de Dios.) A continuación, la iglesia se extendió por todo el mundo conocido mientras que los apóstoles se quedaron allí. Dos cosas pasaron. Una es que las personas que no pensaban que eran líderes se encontraron en un lugar en el que se necesitaba el liderazgo.

A veces no sabemos lo que tenemos dentro de nosotros hasta que se nos requiere en servicio. Ellos entraron en una mayor unción y rápidamente descubrieron lo que tenían. La gente se salvaba en grandes números. Fue así como empezaron a prestarle atención a la comisión que recibieron cerca de 10 años antes por parte del mismo Jesús. "*Id por todo el mundo...*" (ver Mateo 28:19). Y luego:

> *Pero, cuando venga el Espíritu Santo sobre ustedes, recibirán poder y serán mis testigos tanto en Jerusalén como en toda Judea y Samaria, y hasta los confines de la tierra* (Hechos 1:8).

El movimiento fuera de Jerusalén crecía tan rápido que pidieron ayuda a sus líderes espirituales, los apóstoles. Y trajeron la ayuda que tanto necesitaban, tanto en el ámbito de los milagros como en el del gobierno. Parece como si el cambio de enfoque fuera casi por accidente. Fue aquí donde la iglesia empezó a tener problemas con los creyentes gentiles.

¿Quién Se Sentó en Mi Banca?

Esto es lo que he visto en nuestros días. Justo cuando los miembros de la iglesia se empiezan a poner cómodos, ¡llega el avivamiento! Quienes lo rechazan por supuesto que no lo reconocen como un mover genuino de Dios. Pero todos estos años, siempre ha habido una gran afluencia de personas que no estaban involucrados previamente con nosotros y han venido a la iglesia, emocionados, preguntándose por qué la gente simplemente viene a sentarse. Cuando a la fórmula se le agrega un gran número de conversiones, las cosas se ponen fascinantes. Es bien sabido que los nuevos creyentes vienen con todo tipo de problemas. Mi tío solía decir: "Cada hogar necesita un niño de dos años". Hablaba del ámbito natural. Pero lo mismo pasa espiritualmente. Las prioridades se refinan de inmediato cuando hay niños alrededor. Chuck Smith de la iglesia "Calvary Chapel" en Costa Mesa, California, tomó la decisión al lidiar con esta complicación en los inicios del Movimiento de la Gente de Jesús. Sus miembros se preocupaban por las manchas dejadas por los pies descalzos de los hippies sobre su nueva alfombra. El pastor Chuck les dijo que, si ese era el problema, entonces arrancaría la alfombra de inmediato. Prioridades. Simple, pero profundo.

Por supuesto, cuando tienes la necesidad de justificar una crítica, tienes que encontrar un término espiritual para que todo quede bien. Santidad o discernimiento se utilizan a menudo en esos momentos. Me asombra cuánta gente, que ha orado por un avivamiento durante años, deja la iglesia cuando Dios contesta su ruego. Los grandes movimientos de Dios trastornan todo. Nada queda intacto. Como pescadores de hombres, nuestro trabajo es atraparlos y dejar que Él los limpie.

Los apóstoles tenían muchas preocupaciones. La mayor parte de ellas tenían que ver con asuntos de santidad, lo que es un tema muy legítimo. Tuvieron que ponerse de acuerdo entre ellos en cómo se veía la verdadera salvación por gracia. Estos nuevos creyentes eran una cosa desafiante, traían consigo cosas que quizá nunca habían sido cuestionadas por los creyentes judíos. Cuando agregas a la mezcla el hecho de que había quienes tenían apegos poco saludables a la vieja forma de hacer las cosas, como en la Ley de Moisés, había una verdadera incertidumbre por todo. Estoy seguro de que cada apóstol tenía sus propias convicciones sobre cómo deberían ser las cosas.

No hay duda de su compromiso con la salvación por parte de la gracia de Dios. Pero tenemos pruebas sólidas de que no pensaban igual, lo más importante era que no querían exteriorizar múltiples estándares mientras continuaban evangelizando con éxito al mundo conocido. Tenían que tomar ciertas decisiones.

El Primero en Su Tipo

La primera conferencia de líderes para este grupo de élite de apóstoles fue convocada. Se reunieron en Jerusalén, la sede elegida por Dios para la Iglesia. Al reunirse, presentaron los problemas. Pero la forma en la que llegaron a una conclusión fue francamente fascinante. Compartieron testimonios. Cada uno tenía historias que contar relativas a El derramamiento de Dios entre los gentiles. Mientras escuchaban las historias empezaron a reconocer un tema: Dios derramó su Espíritu sobre Los gentiles antes de que supieran lo suficiente como para familiarizarse con las tradiciones judías. De hecho, Él parecía moverse entre ellos sin considerar su disposición para recibir un auténtico derramamiento del Espíritu Santo.

Lo que me conmueve de esta parte de la historia es que en realidad desarrollaron su teología en torno a lo que vieron hacer a Dios. Ellos no abordaron el tema con un estudio exegético de los sermones de Jesús para saber qué hacer. Ese tipo de estudio es noble y está bien. Por lo general necesitas que el mover de Dios esté sucediendo antes de obtener una idea de lo que está sucediendo. Nunca supe de nadie que estuviera estudiando su propio camino y proceso hacia el avivamiento.

Me doy cuenta de que parece que estoy pisando un terreno peligroso para muchos, pero para mí, vale la pena el riesgo. ¿Por qué crees que los nuevos movimientos de Dios casi siempre comienzan con personas que no saben lo que están haciendo? En alguna medida limitamos a Dios dentro de nuestra propia comprensión sobre cómo Él se mueve, y esto sucede mientras oramos para que Dios haga algo nuevo entre nosotros. Si hemos dejado de ser unos novatos, lo que sabemos puede alejarnos de lo que necesitamos saber. Cuando nos hacemos los expertos es porque hemos elegido dónde nos queremos estancar en nuestra madurez. Él todavía requiere que los avances primarios en el Reino se hagan mediante nuestra semejanza con los niños.

Necesito un Testigo

Santiago, el apóstol en Jerusalén, presentó el testimonio del tiempo para una conclusión bíblica. Dijo: *"Con esto concuerdan las palabras de los profetas"*. (Hechos 15:15). Lo que compartió a continuación, posiblemente fue nuevo para él, ya que no hay registro de que esta revelación fuese común antes de ese momento. En realidad, a mí me parece que Dios depositó esta Escritura en su corazón mientras hablaban. En otras palabras, Dios le dio esta Escritura a Santiago para respaldar la legitimidad de las historias que narraban. El respaldo bíblico es vital. Pero dudo que alguna vez haya habido un gran movimiento de Dios donde todo lo que sucedió fuera anticipado por una revelación —creo que la entendieron justo después de que sucediera. La experiencia da entendimiento. *Entendimiento completo primero* parece violar el tema de la confianza que es profundamente valorado en el corazón de Dios para Su pueblo. En cualquier caso, Santiago recibió una palabra de Dios para dar el respaldo bíblico necesario.

He aquí el relato:

*Cuando terminaron de hablar, Santiago tomó la palabra y dijo: "Escúchenme, hermanos. Simón ha relatado cómo **Dios al principio tuvo a bien tomar** de entre los gentiles **un pueblo para Su nombre.** Y con esto concuerdan las palabras de los profetas, tal como está escrito: "Después de* *esto volveré, y reedificaré el **tabernáculo de David** que ha caído. Y reedificaré sus ruinas, y lo **levantaré de nuevo, para que el resto de los hombres busque al Señor,** y todos los gentiles que son llamados por mi nombre"*, dice el Señor, que hace saber todo esto desde tiempos antiguos. *"Por tanto, yo opino que no debemos molestar a los que de entre los gentiles se convierten a Dios, sino que les escribamos que se abstengan de cosas contaminadas por los ídolos, de fornicación, de lo estrangulado y de sangre.* (Hechos 15:13-20 LBLA).

Recuerda, el problema tenía todo que ver con el tema de los gentiles. Los apóstoles sabían que estos podían ser salvos, pero no estaban seguros de cuánto de su religión e historia judía era importante para estos nuevos creyentes.

Presta atención en que el pasaje de Hechos 15 menciona el Tabernáculo de David. Esta es la única historia del Antiguo Testamento que proporciona el mayor fundamento para el tema de la vida cristiana (ver 2 Samuel 6; 1 Crónicas 15). Es una historia de corazón, presencia, adoración extravagante y de propósito inusual entre las naciones. La gracia misma ocupa un lugar central dentro de esta historia.

El Tabernáculo de David se convirtió en el escenario de la vida que conocemos hoy en la iglesia del Nuevo Testamento. Tuvo que ver con el Rey David, quien fungió como sacerdote, e incluso es llamado profeta en Hechos 2. Para mí, David es el mayor ejemplo de vida bajo la gracia en el antiguo Testamento. Rey, sacerdote y profeta: una imagen profética completa del Cristo que habría de venir. Incluso retrató al creyente del Nuevo Testamento que estaba por venir.

El Tabernáculo de David existió por cerca de 40 años. Fue un nuevo y completo acercamiento a Dios: los sacerdotes adoraron a Dios durante 24 horas al día, 7 días a la semana, sin sacrificio de sangre.

La Casa de Dios, al Estilo del Antiguo Testamento

Hubo varias casas de Dios en el Antiguo Testamento.

La primera estuvo en la historia de Génesis 28 en la que Jacob se reunió con Dios en la ladera de la montaña. Se llamaba *Betel*, que significa la casa de Dios. Hablamos de ella en el capítulo uno de este libro. En realidad, no se trataba de ningún edificio. Dios estaba ahí. Eso es lo que la hacía Su casa.

El *Tabernáculo de Moisés* nos dio una imagen de Jesús. Cada mueble nos daba una pista acerca de la venida del Mesías. Fue construido de acuerdo con los detalles específicos que Dios le dio a Moisés en la montaña, en un encuentro cara a cara.

El *templo de Salomón* fue más glorioso y hermoso que cualquier otra cosa construida en la Tierra. Fue el mejor esfuerzo de la humanidad por darle a Dios un habitáculo que fuera consistente con Su valor. Fue construido según planos muy precisos, representando la morada permanente de Dios.

El *templo restaurado de Salomón* fue construido al doble del tamaño del original. Cuando Dios restaura, Él restaura a un lugar más grande que antes de necesitar la restauración. No contenía la belleza del templo anterior. Aquellos que vieron la gloria anterior lloraron por la imagen de la casa restaurada. Aquellos que no vieron la primera casa se regocijaron con esta.

El *Tabernáculo de David* fue construido para adorar. Nunca se mencionó la descripción de sus materiales de construcción y nunca se dieron sus dimensiones. Allí se encontraba el Arca de la Alianza. La presencia de Dios reposaba sobre el arca. Los sacerdotes adoraban las 24 horas del día; se requerían diferentes turnos para poder hacer esto en forma continua. Los dos factores sobresalientes son que Dios estaba allí con toda Su gloria y que los sacerdotes ministraban a Dios sin parar.[1]

¿Quiénes Somos?

El profeta Amós profetizó acerca de una época en la que el tabernáculo de David sería reconstruido.

"En aquel día levantaré el tabernáculo caído de David, repararé sus brechas, levantaré sus ruinas, y lo reedificaré como en tiempo pasado, para que tomen posesión del remanente de Edom y de todas las naciones donde se invoca mi nombre" declara el SEÑOR, que hace esto. (Amos 9:11-12 LBLA).

Él identifica la reconstrucción del tabernáculo de David como lo que libera el fruto que Él quiere: *poseer el remanente de Edom y de todas las naciones donde se invoca Su nombre.* El proyecto de restauración liberaría un fruto específico: los gentiles entrarían en el Reino.

Santiago identifica al árbol por su fruto. En otras palabras, se dio cuenta de que los gentiles fueron traídos como los profetas dijeron (el fruto), lo que le permitió identificar la obra que Dios estaba haciendo en la Tierra. La obra de Dios fue la restauración del Tabernáculo de David, que es el árbol en esta metáfora. Es ese trabajo específico de Dios el que produce el fruto. Más específicamente, la Iglesia es la casa que alberga un sacerdocio —una comunidad de adoración que ofrece sacrificios espirituales a Dios.

También vosotros, como piedras vivas, sed edificados como casa espiritual para un sacerdocio santo, para ofrecer sacrificios espirituales aceptables a Dios por medio de Jesucristo. (1 Pedro 2:5 LBLA).

Ese sacerdocio de adoradores es el proyecto de restauración de Dios. La Iglesia adoradora propició un Cielo abierto, por medio del cual los gentiles verían y entenderían por primera vez la verdad. La adoración despejó las ondas aéreas, tal como sucedió en Jerusalén en Hechos 2. Me encanta la traducción de Santiago del versículo 12.

Amós dijo: *"para que ellos posean el remanente de Edom y todas las naciones que son llamadas por Mi nombre"* (Amós 9:12). Pero citando este pasaje de Amós, Santiago dijo; *"para que el resto de la humanidad busque al Señor, y todos los gentiles que son llamados por Mi nombre"*. (Hechos 15:17). Él lo interpreta dentro de un contexto neotestamentario. (Jesús hizo lo mismo con Salmos 8:2. Tomó la *fuerza ordenada* y la convirtió en *alabanza perfeccionada* en Mateo 21:16). Edom, en la declaración original de Amós, es la tierra de Esaú. Esaú vendió su primogenitura. Se convirtió en el ejemplo bíblico del resto de la humanidad, quienes no tenía el derecho natural a una herencia. Sin embargo, debido a la gracia, somos injertados en el plan de Dios para Su pueblo.

La restauración del Tabernáculo de David por Dios es representada por medio de la llegada de los gentiles a la fe en Jesús. Tal es la conclusión de esta profecía.

¿Construyendo Qué?

Entonces, ¿qué se está reconstruyendo? La Iglesia con su tan singular unción davídica por la Presencia, es el cumplimiento de esta profecía de Amós. Somos la comunidad de adoradores cuyo enfoque principal es ministrar a Dios mismo. Pero el significado de este libro radica en este único hecho: solo los sacerdotes pueden llevar la Presencia de Dios. Dios insiste bastante en ese requisito.

Para ver lo que Dios está reconstruyendo y cómo nos afecta en esta exclusiva prioridad, primero debemos aprender más acerca del proyecto original. La pasión de David nos prepara el terreno.

Las Buenas Intenciones Pueden Matar

Antes de David, Saúl fue el rey. Como el rey Saúl tenía poca consideración por la Presencia de Dios (Arca de la Alianza), David se convirtió en el rey de Judá y luego de Israel. Desde niño se familiarizó con la Presencia de Dios en las lejanías del desierto, mientras cuidaba de las ovejas de su padre. Él era un adorador. En sus momentos de intimidad con Dios sin duda aprendió sobre la preferencia de Dios por los corazones dóciles en lugar de la sangre de toros y cabras. Algunas de las mejores lecciones de Dios no se pueden aprender en clase, sino solo durante el viaje.

Así que David de inmediato hizo arreglos para llevar el Arca a Jerusalén y colocarla en la tienda que levantó para tal propósito. (ver 2 Samuel 6:17). Era la prioridad número uno para David. Pero su prioridad por la Presencia de Dios, ni siquiera se acercaba a la de Dios por su anhelo de estar con Israel. Esta historia es emocionante, intrigante y mortal.

La nación de Israel planeó este día. Se alinearon por las calles para presenciar la ceremonia de adoración orquestada para traer la Presencia de Dios hasta Jerusalén, la ciudad de David. Los que podían tocar instrumentos los trajeron en celebración sacrificial para honrar a Dios en Su camino. Dispusieron de la mejor carroza de bueyes para el evento. Los sacerdotes ocuparon sus lugares para abrirle paso al Santo. Pero al tropezar uno de los bueyes, sacudió el carro que llevaba el Arca. Preocupado por la Presencia, Uza extendió su mano para estabilizar el Arca, por lo que la ira del Señor se encendió contra él por irreverente, y Dios lo mató. Su presencia no puede ser manoseada. Esta historia por sí sola debería calmar los corazones y las mentes de aquellos que tienden a usar Su unción como ganancia personal. Él no será confiscado por el hombre. David dejó el arca en la casa de Obed-Edom. Todos los moradores de su casa prosperaron debido a la Presencia (ver 2 Samuel 6:11).

Si Duda, Lea las Instrucciones

Decir que David estaba asustado es una exageración. Él estaba muy seguro de que esto es lo que debía hacer. Su hambre por Dios era sincera y legítima. Pero la sinceridad por sí sola no salvará a nadie. Beber estricnina pensando que es jugo de fruta no la hace menos venenosa. Cuando David se enteró de que la casa de Obed-Edom estaba prosperando en todos los sentidos, diligentemente trató de averiguar qué salió mal el día que Uza murió. Y al parecer, para comprenderlo, se volcó hacia las escrituras. (No está mal motivarse por la bendición. Incluso Jesús soportó la cruz debido al gozo mostrado ante él (ver Hebreos 12:2). La recompensa ocupa un lugar astronómico en la conciencia del Reino). David descubrió que solo los sacerdotes podían transportar la Presencia (ver 1 Crónicas 15:2). Por siempre. Me encanta cada vez que encuentro un mandamiento o promesa que incluye estas palabras: *Por siempre*. Automáticamente significa que hay un principio involucrado que se trasladará tanto hacia este estilo de vida de gracia, como a nuestra existencia en la eternidad. Tal es el caso de este pasaje. Solo los sacerdotes pueden llevar Su presencia. Punto.

Dios no viajará en carretas de bueyes, aunque al parecer los filisteos se salieron con la suya (ver 1 Samuel 4-6). La presencia de Dios no descansará en nada de lo que podamos fabricar. Él descansa sobre nosotros. Y creo que lo mismo aplica para organizaciones, edificios, etc. La gente suele poner atención a las instituciones que se han creado para apoyar a grandes ministerios. Pero sin importar cuán grande sea la organización, los estatutos o la reputación, Dios no reposa sobre esas cosas. Lo hará sobre personas. Solo quienes se rinden a Él tienen el privilegio de albergar y llevar a Dios en las situaciones de esta vida.

Otra Vez

David anunció el nuevo plan para guiar a la presencia de Dios hasta su ciudad. La gente estaba lista. Los sacerdotes estaban listos. Los músicos sacerdotales entrenados para la ocasión. Los asignados para llevar el arca de Su Presencia probablemente se maravillaban por el temible y emocionante privilegio tan característico de su trabajo. Después de todo, el último en acercarse demasiado al Arca murió. Aunque como apoyo, esta vez contaban con la voluntad de Dios revelada en las Escrituras.

Esta historia es una de las mejores de la Biblia. Debería ser conocida de pies a cabeza por cada creyente, ya que es clave para cumplir plenamente nuestro papel el día de hoy.[2] Se trata de nuestra historia, antes de tiempo.

El día llegó. El rey David se despojó de sus vestiduras reales para ponerse una túnica de sacerdote, básicamente una ropa interior de sacerdote. No era algo que normalmente luciría un rey. Pero David no era cualquier rey. Se daría a conocer como el hombre conforme al corazón de Dios, el hombre de la Presencia de Dios. Después de seis pasos, se detuvieron y sacrificaron un buey al Señor. Él entonces bailó ante el Arca con todas sus fuerzas.

Este debió haber sido un panorama atemorizantemente hermoso. Todo Israel se alineó por sus calles, regocijándose con la auténtica Presencia de Dios. Los músicos tocaron con gran destreza. En la medida de sus posibilidades, toda una nación se presentó al evento. Lo enorme de su dimensión, grandeza y magnificencia debieron haber sido abrumadoras. Todos los presentes fueron impactados por esta experiencia *única en la vida*.

Cabe destacar que el Arca de la Alianza (la Presencia de Dios), siguió a David hasta Jerusalén. Dondequiera que David bailó, Dios lo siguió. Él responde a nuestras ofrendas. En esta historia, se trata de una ofrenda de acción de gracias y alabanza expresada por medio de la danza. Muchos responden a Dios una vez que Su Presencia es comprendida. Pero algunos responden antes de que Él verdaderamente se muestre. Ellos son quienes le abren paso a la Presencia del Rey de Gloria. Otra forma de verlo es que Dios se apareció cuando el Rey David bailó en forma poco decorosa. Si supiéramos las cosas que Él encuentra atractivas, quedaríamos muy sorprendidos.

Falta Alguien

Hubo una ausente notable. Mical, la hija de Saúl, miró el evento a través de la ventana del palacio. Pareciera que extrema adoración siempre se confunde como estupidez extrema para aquellos que la miran a la distancia. Algunas cosas solo se pueden entender si se está dentro. Tal es el caso de la auténtica adoración.

A Mical le consternaba la falta de consideración de David sobre cómo los demás percibían su pasión, la humildad de su atuendo y su completa falta de decoro público. En lugar de recibirlo con honor, intentó avergonzarlo.

Pero cuando David regresó para bendecir a su casa, Mical la hija de Saúl salió al encuentro de David y dijo: "¡Cómo se distinguió hoy el rey de Israel! Él se destapó hoy a los ojos de las doncellas de sus sirvientes como uno de los necios se descubre descaradamente!" (2 Samuel 6:20 TLA).

En varios niveles, la contestación de David fue muy audaz:

Y David dijo a Mical: "Eso fue delante del Señor que me escogió en preferencia a tu padre y a toda su casa para constituirme por príncipe sobre el pueblo del Señor, sobre Israel. Por tanto, lo celebraré delante del SEÑOR. Y aún seré menos estimado que esto, y seré humillado ante mis propios ojos, pero con las criadas de quienes has hablado, ante ellas seré honrado". (2 Samuel 6:21-22 TLA).

David dejó en claro que Dios lo eligió a él antes que al padre de Mical. Este fue un comentario mordaz por no decir otra cosa. Pero su desprecio por la Presencia de Dios revelaba que en ella también residía la misma *ausencia de valor* por la Presencia, con la que su padre Saúl había vivido durante su reinado. Entender por completo el énfasis en la Presencia, debería ayudar para que las Micales nunca se instalen en nuestras vidas. Su siguiente comentario revela que ella, básicamente no había visto nada todavía. En otras palabras, si esto le había avergonzado, su futuro no sería muy prometedor, pues era evidente que David apenas estaba calentando. Trágicamente, *"Mical, la hija de Saúl no tuvo hijos hasta el día de su muerte"* (2 Samuel 6:23 TLA).

Siempre que alguien desprecia la adoración extravagante, se pone en una posición extremadamente peligrosa. La esterilidad es el resultado natural del desprecio a la adoración. Al hacerlo, rechazamos la razón por la que estamos vivos. La esterilidad y la falta de adoración van de la mano. Esta escena la volvemos a ver otra vez durante el ministerio de Jesús. Sucede cuando se derrama el costoso ungüento sobre Jesús. Todos los discípulos se molestaron (ver Mateo 26:8). El diablo en realidad no le ve nada de malo a una adoración desganada. La adoración extrema expone lo religioso[3] en toda persona.

Hay un pasaje maravilloso que habla sobre el efecto de la extrema adoración sobre la esterilidad misma:

"Tú, mujer estéril que nunca has dado a luz, ¡grita de alegría! Tú, que nunca tuviste dolores de parto, ¡prorrumpe en canciones y grita con júbilo! Porque más hijos que la casada tendrá la desamparada —dice el Señor—. (Isaías 54:1).

¡Qué promesa! En este capítulo encontramos a una mujer estéril a quien se le exhorta a gritar de júbilo *antes* de quedar embarazada. El resultado final es que tendrá más hijos que la que ha estado teniendo hijos todo el tiempo. Esto nos da una imagen bastante profética. Los adoradores son personas que, independientemente de sus circunstancias, llegarán a ser fructíferas en formas que rebasan a la lógica.

Cualquiera puede estar gozoso después de haber recibido un milagro. Muéstrame a alguien que celebra antes de la respuesta, y te mostraré alguien que está a punto de experimentar su respuesta. Esta es la naturaleza de fe: mira hacia adelante y vive como corresponde.

Restaurando para Su Propósito

Bajo este contexto, quizá lo apropiado sería volver a adoptar Génesis 1:28, para que los adoradores realmente *"sean fructíferos, se multipliquen, llenen la tierra y la sometan"*. ¿Serán realmente importantes tanto el ejemplo de Mical como el de la mujer de Isaías 54? Yo creo que sí. En el Tabernáculo de David nos conectamos con nuestro propósito original como adoradores. Portamos la gloria que le devuelve la fecundidad a las áreas estériles de la vida de aquellos que la han sufrido a manos del enemigo. El diablo vino a *"robar y matar y destruir"* (Juan 10:10). Jesús vino para vencer al diablo, exponer sus obras y revertir sus efectos. ¡Vino a dar vida! De la misma forma, heredamos ese encargo privilegiado para hacer cumplir la victoria de Cristo. Los adoradores simplemente lo hacen de forma natural.

Lo Nuevo Estaba en lo Viejo

A veces leemos las historias del Antiguo Testamento y las aceptamos sin darnos cuenta de lo verdaderamente dramáticas o revolucionarias que son. Tal es el caso de David y su tabernáculo.

Sangre: La Ley estuvo en vigor hasta el momento en el que Jesús mostró en sí mismo una vida sin pecado —sufrió y murió en nuestro lugar, pagando la demanda o el precio que la ley requería por su causa.

Bajo el Antiguo Pacto, el sacerdote solo podía entrar en Presencia de Dios a través de un sacrificio de sangre. Posteriormente, solo el sumo sacerdote podía entrar al Lugar Santísimo un día al año, el Día de la Expiación. El Lugar Santísimo es la habitación interior donde estaba la Presencia manifiesta de Dios, la única luz era la presencia gloriosa de Dios. Aquí es donde se guardaba el Arca de la Alianza.

Cuando David se convirtió en rey, sintió que Dios buscaba algo más: sacerdotes que ofrecieran sacrificios de acción de gracias y alabanza con un corazón rendido y quebrantado. Esto se hacía a pesar de que la Ley bajo la cual vivía lo prohibía. Se ofrecía tanto con instrumentos musicales como con las voces de los cantantes. En este contexto, todo sacerdote podría presentarse diariamente ante Dios sin tener que traer una ofrenda de sangre. Este orden de adoración se hacía veinticuatro horas al día, siete días a la semana. Esto, por supuesto, apuntaba al día en que cada creyente, un sacerdote según Primera de Pedro 2:9, viniera a Dios con denuedo debido a lo que Jesús logró por nuestro beneficio. Esto es de lo que habló Santiago cuando dijo que el tabernáculo de David estaba siendo reconstruido.

David era el hombre conforme al corazón de Dios. Tenía una percepción de Dios que no se conocería plenamente hasta que Jesús viniera y derramara su sangre por todos. La experiencia de David fue la profecía anticipada de lo que vendría. Creo que fue el hambre de David por Dios, lo que le permitió disponer de esta experiencia en sus días, aunque estaba reservada para otro día. Esta tienda o tabernáculo que David construyó para el Arca fue ubicada en el monte Sion.

Cuando hablamos de una montaña, nos referimos a una parte trascendental de nuestra geografía. Yo vivo en el norte de California. Nuestro monte Shasta tiene más de 4,250 metros de altura. El Monte Sion, por otro lado, es una simple elevación de tierra ubicada dentro de la ciudad de Jerusalén. Sion significa "lugar soleado", pues es allí donde el sol brilla primero. Lo que careció en elevación, fue mucho más que compensado en importancia. La importancia siempre es más significativa que la visibilidad.

A continuación, presento algunas de las sorprendentes declaraciones sobre el monte Sion que son de seria consideración:

• *"Hermoso en su elevación, el gozo de toda la tierra es el monte Sión, en el extremo norte, la ciudad del gran Rey"* (Salmo 48:2). El Monte Sión será el gozo de la toda la tierra.

- *"Desde Sión, perfección de hermosura, Dios ha resplandecido"*. (Salmo 50:2 LBLA). Sion es la belleza perfecta. Es desde allí que Dios resplandece.

- *"El Señor ama las entradas de Sion más que todas las otras moradas de Jacob"* (Salmo 87:2). Las puertas son alabanza (ver Isaías 60:18). Él habita en la alabanza. Y la alabanza/las puertas de Sion son su morada predilecta.

- *"¿Por qué miráis con envidia, oh montes de muchos picos, al monte que Dios ha deseado para morada suya? Ciertamente el Señor habitará allí para siempre"* (Salmo 68:16 LBLA). Todas las otras montañas envidian al monte Sion. Es donde Dios ha elegido habitar. Y porque dice "para siempre", implica al Nuevo Testamento. Se refiere a la comunidad de adoración, como Su monte Sion. De nuevo, lo que le falta en elevación lo compensa con creces en significado.

La Adoración Impacta a las Naciones

Salmos es el gran libro de adoración. Las canciones fueron escritas para exaltar a Dios. Pero, en algunos de estos salmos sucedieron algunas peculiaridades. El escritor comenzaría a hacer declaraciones sobre cómo se levantaban las naciones para darle la gloria a Dios. Se decretó como cada una de ellas adoraría al único Dios verdadero. Ahora bien, independientemente de donde crees que esto encaje en el plan de Dios para los países, los adoradores declaraban primero. ¿Por qué? Los adoradores están en un lugar desde donde pueden llamar a las naciones hacia su propósito, hacia su destino ordenado por Dios. Es el privilegio sagrado de aquellos que adoran. A continuación, se muestran algunos versículos que ejemplifican este pensamiento.

Todos los términos de la tierra se acordarán y se volverán al SEÑOR, y todas las familias de las naciones adorarán delante de ti (Salmo 22:27 NBLA).

¡Que todas las naciones se alegren y canten llenas de felicidad! Tú gobiernas a los pueblos con justicia; ¡tú guías a las naciones de la tierra! (Salmo 67:4 TLA).

Sea Su nombre para siempre; Que Su nombre se engrandezca mientras dure el sol, y sean benditos por Él los hombres; Llámenlo bienaventurado todas las naciones (Salmo 72:17).

Todas las naciones que Tú has hecho vendrán y adorarán delante de Ti, Señor, y glorificarán Tu nombre (Salmo 86:9 TLA).

¡Alaben al SEÑOR, naciones todas! ¡Pueblos todos, alábenle! (Salmo 117:1 TLA)

La Sorpresa de los Últimos Días

Hay una profecía declarada por Isaías y Miqueas que ha hablado a mi corazón desde hace muchos años. Habla sobre el monte de la casa de Dios. Esto no puede ser otro que el Monte Sion, lo cual se cumple proféticamente en los últimos días. Y creo que se refiere a la reconstrucción del Tabernáculo de David, la combinación de creyentes del Nuevo Testamento provenientes de todas las naciones y quienes forman un grupo de personas llamadas adoradores.

En los últimos días, el monte de la casa del SEÑOR será establecido como el más alto de los montes; se alzará por encima de las colinas, y hacia él confluirán todas las naciones (Isaías 2:2; Miqueas 4:1).

Veamos el efecto de esta casa, establecida como líder de todos los montes. *El más alto* también significa *cabeza*. Este gobierno será el jefe de todos los gobiernos. Como resultado, todas las naciones acudirán a él, pidiendo la palabra del Señor. Creo que esto se refiere a la cosecha masiva que tendrá lugar antes de que llegue el final, y es propiciada por adoradores. Se trata de la reconstrucción del Tabernáculo de David. La adoración repercute sobre el destino de las naciones.

NOTAS FINALES

1. El mejor modelo actual que conozco sobre esto es IHOP, de Mike Bickle, de La Casa Internacional de Oración, con sede en la ciudad de Kansas. Es un ministerio extraordinario, donde la adoración y la intercesión han continuado sin parar hasta ahora, y por más de diez años.

2. Que yo sepa, los mejores materiales sobre este tema son los de Ray Hughes en http://selahministries.com. Recomiendo mucho tanto a Ray como a sus materiales.

3. Históricamente, la religión se ha utilizado como un buen término. Más recientemente se ha generalizado para describir al cristianismo cuando se encuentra en forma, pero sin poder, o como ritual sin vida. Es en este sentido que uso el término.

8

Avivamiento en Letras Rojas

Jesucristo es la teología perfecta. Tienes una buena razón para cuestionar lo que crees que sabes acerca de Dios que no puedas encontrar en la persona de Jesús. Él es el estándar, el único estándar que se nos ha dado para seguir.

Y sin importar lo simple de esta premisa, no deja de asombrarme el número de personas que intentan mejorar el ejemplo que Jesús nos dio para tratar de crear un nuevo modelo, algo que sea más relevante. Y a este respecto pareciera haber dos polos opuestos. El primero, basado en el ministerio de tipo profético del Antiguo Testamento, cuya visión de Dios y del hombre son precisas para su tiempo, pero incompletas en lo que respecta a la hora en la que vivimos. A este le falta un importante ingrediente: Jesús, el reconciliador. Él cumplió con las exigencias de la Ley, haciendo posible la reconciliación con Dios. Ni siquiera les permitió a Santiago y Juan ministrar bajo esa unción cuando le pidieron permiso (Lucas 9:54). ¡Ese tiempo terminó! (Ver Lucas 16:16) Después tenemos a quienes se esfuerzan enormemente para no ofender a nadie con el evangelio. Si tomamos en cuenta que el deseo es que todos formen parte de la familia, tienen un buen corazón. Pero honestamente, creo que ese no era uno de los valores de Jesús. Si diluimos su mensaje para ganar almas, ¿a quién pertenecerán tales conversos? Si no escucharon el mismo evangelio acerca de dejar todo por Jesús, ¿a quién pertenecía el mensaje que escucharon? ¿En verdad creemos que el tipo de personas que no estuvieron dispuestas a venderlo todo en los días de Jesús, serán más entregadas en los nuestros?

Durante milenios la iglesia ha batallado por los contrastes entre dos desafíos: mantener las normas que Jesús estableció, sin retroceder. Muchísima gente anhela tanto la religión de los viejos tiempos, que intentan atesorar tiempos ya inexistentes en el corazón de Dios. El segundo es el desafío por mantenerse relevantes dentro de la cultura actual. El reto es difícil ya que al hacerlo muchos abandonan los preceptos de un evangelio simple con tal de ser vigentes. Jesús es siempre contemporáneo, actual y relevante, más que cualquier otra cosa que suceda a nuestro alrededor. El Padre, El Hijo y El Espíritu Santo no tienen edad. Son la relevancia misma en sus mejores días.

Las escuelas y los seminarios bíblicos priorizan la enseñanza en lugar de la práctica. El griego y el hebreo son importantes, pero no más que aprender a reconocer Su voz para liberar el milagro de sanidad para alguien. Los cursos de liderazgo son importantes, pero no más importantes que el poder llevar a alguien a través de una liberación o incluso llevarlo a Cristo. El dominio de los negocios y las finanzas requieren de un gran énfasis, y así debería ser, considerando los cuantiosos errores. Pero Jesús nos enseñó la importancia de dominar nuestras lenguas, gobernar a nuestras familias y rendir buenas cuentas con nuestro dinero. Estas son clases difíciles de enseñar cuando los profesores carecen de experiencia. Y justo allí está el problema: Gente llena de teorías está levantando a una generación que se satisface con teorías. Muchos se pierden de un encuentro divino porque están satisfechos con una buena teología. Una debe llevarnos a la otra.

Se hacen esfuerzos masivos para hacer iglesia en tiempo y forma, solo para que al término sigamos con el resto de nuestras vidas. Evidentemente, muchos todavía no descubren que francamente, no existe "vida" fuera de Cristo.

Podemos asistir a una de las estupendas escuelas bíblicas y seminarios a lo largo y ancho de nuestra tierra y tomar muchos cursos sobre el estudio de las Escrituras, sobre liderazgo, música, administración, cómo debatir con otras religiones, etc. Estos cursos tienen su lugar. Y miren que solo me refiero a las escuelas con verdaderas creencias bíblicas y la predicación del nuevo nacimiento. Examinen los cursos. ¿Cuántos enseñan cómo sanar a los enfermos o resucitar a los muertos? ¿Cuántos tienen clases de oración y ayuno, o cómo echar fuera demonios, o interceder por las naciones hasta que haya un cambio? Los cursos que se imparten son buenos y valiosos. Pero ¿serán más importantes que lo que Jesús ordenó que aprendamos y hagamos? Quizás la razón por la que no se imparten es porque quienes enseñan, no saben cómo hacerlo. Este tipo de cosas no se pueden enseñar simplemente con la cabeza. No son conceptos. La verdad que se separa de la experiencia es divisiva por naturaleza. La verdad experimentada es inclusiva.

Esto ni siquiera toma en consideración la multitud de escuelas que ahora cuestionan todo, desde el nacimiento virginal hasta los milagros de Cristo. Esas son una abominación. Uno de los pensamientos más absurdos que jamás haya entrado en la mente de una persona es la idea de que el "Dios quien es ahora" no es relevante. La iglesia puede perder su relevancia, pero Dios nunca lo hará.

Nunca seremos relevantes por reflejar la cultura del mundo que nos rodea. Somos relevantes al convertirnos en lo que el mundo anhela. Muchos están acostumbrados a la idea de que el evangelio será rechazado una y otra vez o que solo unos pocos lo lograremos. Creo que esto es un error. Jesús es el deseado de las naciones. Cuando nosotros como Su pueblo lo representamos bien, la gente encuentra lo que busca, pues ilustramos los deseos de sus corazones. Somos Su cuerpo en la Tierra, el único Jesús que muchos verán. Nuestra representación de Él debe ser certera.

Letras Rojas

Hace poco escuché un mensaje extraordinario de un querido amigo, Lou Engle. Dirige uno de los movimientos de oración más importantes de toda la Historia. Fue un mensaje magistral sobre el Sermón de el Monte; Mateo 5 al 7. Lou afirmó que las palabras de Jesús, la vida de Jesús, el ministerio de Jesús, el ejemplo de Jesús y Su gran comisión, son el modelo sobre el que debemos basar nuestras vidas. No hay Plan B en el Reino de Dios. Dios confía plenamente en Su capacidad para concluir satisfactoriamente su Plan A.

De todas las cosas que Jesús enseñó, y que me desafían hasta los tuétanos, me sorprenden más las cosas que no dijo. Él trajo consigo a la persona del Espíritu Santo a la Tierra. Él modeló un estilo de vida que está al alcance y debe de alcanzarse. No va a llegar por sí solo. Mucho de lo que necesitamos en la vida nos será provisto, pero gran parte de lo que anhelamos, lo tendremos que procurar de verdad. ¡Así son las cosas del Reino!

Mis primeros años en el ministerio estuvieron llenos de enseñanzas del Antiguo Testamento. No me refiero a que enseñé la Ley Mosaica, aunque me encantaban las historias y aprendí a aplicarlas para el Nuevo Testamento. Fueron años importantes, años que no cambiaría por nada. Pero en los últimos años me han pasado cosas que tampoco cambiaría. Jesús se ha hecho vivo en mí en maneras que nunca antes había entendido. Su ejemplo es la inspiración para este libro. Observando cómo vivió me ha provocado celos: Él portó con todo éxito a la "Paloma que llegó para quedarse".

Celos Personales

Desde que descubrí que Jesús vivió Su vida de una manera que todos podríamos imitar, me admito celoso por varias cosas que para Él eran muy naturales. Mi corazón arde, como si de lujuria se tratara, por algo que Jesús llevó consigo, pero que está disponible para todos. Es gratis, pero no es barato. Solo espero que el uso de la palabra "lujuria" en este contexto, no te haya ofendido, pero este fue el pensamiento textual que Pablo usó cuando nos enseñó a perseguir fervientemente los dones espirituales. Obviamente no se trata de lujuria sexual, pero sí implica un ardor interno. Su frase significa "perseguir lujuriosamente". Y va mucho más allá del casual acuerdo mental de un concepto: Es el fuego producido por las brasas que se avivan con el viento que fluye dentro de nosotros.

Imagina esta reconocida historia en la vida de Jesús: Las calles revientan de gente que tiene hambre de más. Algunos van en pos de Dios, pero otros solo quieren estar cerca de este hombre que se ha hecho tan famoso por las maravillosas cosas que hace. Ha resucitado a los muertos, sanado a los enfermos, y se ha convertido en el único tema de conversación en todo el pueblo. La gente seguía a Jesús a cualquier lado y por todas partes. Mientras esta turba de gente caminaba por la calle, una mujer, y yo añadiría, una mujer muy desesperada, ve su oportunidad para un milagro. Su aflicción le ha arrastrado durante muchísimos años sin la esperanza de un pronto alivio. Empuja y se abre paso en la multitud hasta que ve a Jesús al alcance. Pero tiene mucha pena de hablar con Él, incluso de solo llamar su atención. Entonces, solo se limita a estirarse para tocar el borde de Sus ropas.

Ahora, esta mujer que había padecido de flujo de sangre por doce años, que gastó todo su sustento en médicos sin ser curada por ninguno, se acerca a Jesús por detrás, y toca el borde de Su manto.

El flujo para de inmediato, por lo que Jesús dice: "¿Quién me tocó?" Al negarse todos, Pedro y los presentes exclaman: "Maestro, las multitudes te aprietan y oprimen, y tú dices: "¿Quién me tocó?". A lo que Jesús responde: "Alguien me ha tocado. Porque percibí que de mí salió poder". Al ver que es inútil esconderse, se acerca temblando, y cayendo delante de Él, le declara, en presencia de todo el pueblo, la razón por la que le había tocado y le explica que fue sanada en el acto. A lo que Él dice: *"Hija, ánimo; tu fe te ha sanado. Ve en paz".* (Lucas 8:43-48).

Es importante comprender que el poder en el Reino de Dios tiene la forma de una persona. No es una entidad apartada de Dios mismo. Jesús se dio cuenta de que la unción, la persona del Espíritu Santo, fue liberada de Él por medio de la solicitud de fe de alguien más. ¡Esto es realmente asombroso!

Ahora bien, una cosa es estar consciente de la presencia de Dios en adoración, y otra muy distinta darse cuenta de que el Espíritu Santo se libera de nosotros en nuestro ministerio. En ocasiones he sentido la unción del Espíritu Santo al ser liberado de mis manos cuando oro por la sanidad de alguien. Es súper alentador. Pero es un nivel completamente diferente a estar tan conscientes del reposo del Espíritu Santo sobre nosotros que notamos cuando la fe de otra persona ha demandado aquello que portamos. Literalmente se puede decir que la mujer hizo un retiro de la cuenta de Jesús. ¿Qué tan conscientes de la persona del Espíritu Santo debemos estar para notar tal liberación de Su poder al fluir de nosotros? Hay que agregar a esta ecuación el hecho de que Jesús estaba caminando y hablando con otros cuando sucedió. ¡Para mí, esto es espectacular! Él es consciente de la Presencia, incluso al hablar con otros o escuchando sus comentarios y preguntas. Esto me da celos, de verdad.

Se le hizo un retiro a quien se le dio el Espíritu sin medida. Una unción no se puede agotar. No fue la falta de unción lo que percibió. Fue al Espíritu Santo moviéndose lo que Él reconoció

—el Espíritu Santo salía desde Él. Esto me sorprende mucho más allá de las palabras.

Con una Paloma en los Hombros

El bautismo en agua de Jesús es una de mis historias favoritas en la Biblia. Ya la hemos analizado parcialmente. Pero hay otra parte más en esta historia que es fundamental para este libro, y se registra en el Evangelio de Juan.

Juan dio también testimonio, diciendo:

He visto al Espíritu que descendía del cielo como paloma, y se posó sobre Él. Y yo no le conocía, pero el que me envió a bautizar en agua me dijo: «Aquel sobre quien veas al Espíritu descender y posarse sobre Él, este es el que bautiza en el Espíritu Santo». Y yo le he visto y he dado testimonio de que este es el Hijo de Dios. (Juan 3:32-34 TLA).

Jesús prepara el escenario para un tiempo completamente nuevo. Los profetas del Antiguo Testamento modelaron esta posibilidad de una manera asombrosa, especialmente para sus días. Mostraron el impacto de la Presencia de Dios sobre una persona, para una tarea específica. Pero fue Jesús quien reveló esto como un estilo de vida. El Espíritu Santo permaneció sobre Él.

Me queda claro que hoy no debemos vivir por sentimientos. Las emociones son maravillosas, pero no son indicadores confiables cuando se trata de la presencia y el mover de Dios. Pero hay un sentimiento que puede ir más allá de las emociones, y es evidente que puede funcionar independientemente de nuestro estado emocional. Se trata del estado de ánimo del mismísimo Espíritu Santo, con el que podemos estar en tal sintonía, que podemos movernos conforme Él se mueve.

Sabemos que el Espíritu Santo vive en nosotros como creyentes nacidos de nuevo. La asombrosa promesa que acompaña a esta realidad es que nunca nos dejará. ¡Qué promesa, qué consuelo tan formidable! Pero la triste realidad es que el Espíritu Santo no descansa sobre cada creyente. Él está en mí por mi bien, pero Él está sobre mí para el tuyo. Cuando el Espíritu Santo descansa sobre una persona sin retirarse, es porque se le ha dado la bienvenida de una forma por demás honorable.

A menudo le pregunto a la gente sobre qué harían si una paloma real aterrizara sobre sus hombros. ¿Cómo caminarían por una habitación, o incluso cómo vivirían su día si no quisieran que la paloma se fuera volando? La respuesta más común es "con cuidado". Es una buena respuesta, pero no lo suficiente. Creo que es así: cada paso se debe tomar con la paloma en mente. Creo que ésta es la clave sobre el Espíritu que permanece. Él es el único y más grande punto de referencia, no solo para la dirección y el poder del ministerio, sino en efecto, para la vida misma. Hemos sido elegidos para portar la Presencia de Dios. ¡Estupendo!

Custodiando la Relación

Recuerdo que cuando era joven escuché a alguien hablar sobre la llenura del Espíritu. Teniendo fuertes raíces pentecostales, no lo consideré como un nuevo tema. Pero la enseñanza de ese día fue nueva. El hombre de Dios sencillamente habló de dos versículos, ninguno de los cuales se refería al bautismo en el Espíritu. En este momento no es el deseo de mi corazón hacer una declaración doctrinal, sino una relacional. Y estos dos versículos nos dan la pauta:

Y no entristezcan al Espíritu Santo de Dios (Efesios 4:30).

No apaguen al Espíritu (1 Tesalonicenses 5:19).

Esta simple visión llevó mi enfoque de las expresiones del Espíritu (dones, etc.) y lo cambió a lo que el Espíritu Santo realmente sentía por mí. Y cuanto más camino con el Santo Espíritu, más se ajustan mis prioridades para contribuir a esta relación. Esto abre dimensiones nuevas en mi caminar con Dios que no había considerado.

No afligir al Espíritu Santo es un mandato centrado en el tema del pecado: en pensamiento, actitud o acción. "Afligirse" es una palabra que significa causar dolor o sufrimiento. Describe el dolor que el corazón del Espíritu Santo puede sentir por algo que hacemos o permitimos en nuestras vidas. Se centra en el carácter. Es un límite al que debe poner atención cualquier persona interesada en albergar Su Presencia de forma más poderosa.

No apagar al Espíritu Santo es un mandato que se enfoca en el aspecto colaborativo de nuestra relación. La palabra "apagar" significa detener el flujo de algo. El idioma original lo define como extinguir, o anular. El término utiliza brillantemente dos metáforas para ilustrar esta conexión con Dios. "Detener el flujo" podría ser ilustrado al doblar la manguera del jardín hasta que el agua ya no fluya, mientras que "extinguir" retrata la parte de la pasión en nuestro caminar con Dios. Perder la pasión por Dios siempre afecta nuestra habilidad para permitir que el Espíritu Santo fluya desde nosotros para cambiar las circunstancias a nuestro alrededor. ¡Este versículo se concentra en el poder!

¿Experimento Fallido?

No entiendo a quienes consideran al pecado como un asunto sin importancia. Y es más preocupante cuando tales individuos parecieran tener dones para ministerios poderosos. Esto hace que algunos rechacen los dones del Espíritu por completo. Tienen la idea de que Dios nunca usaría a personas que caminan en pecado, lo que presentan como evidencia de que los dones no pueden ser de Dios. Otros se pasan al otro extremo y se ofenden con Dios por permitir que la gente que camina en pecado opere con cierto grado de unción. Estoy de acuerdo; ¡es un gran misterio! Pero tal vez tendríamos menos problemas si nos diéramos cuenta de que Dios siempre honra Su Palabra, sin importar el recipiente en cuestión. Su Palabra revela Su carácter, no el nuestro. Y no responder a Su Palabra es violar el pacto que Él creó.

Habiendo dicho esto, espero que pronto llegue el día en que este disparate sobre la tolerancia al pecado concluya. Para compensar esto de la debilidad en el cuerpo, muchos han enseñado que el carácter es más importante que el poder. Yo mismo lo enseñé durante muchos años. Contamos con historias devastadoras para demostrar esta teoría. Pero a nuestra teoría le falta un pequeño detalle: Jesús no lo enseñó ni lo practicó así. De hecho, cuando Jesús les dio poder y autoridad a sus discípulos en Lucas 9, lo que le siguió de inmediato fueron algunas de sus mayores torpezas. Después de recibir dicha impartición, les encontramos rechazando a otros seguidores de Jesús, pues la exclusividad envenenó sus corazones. Poco antes, discutieron ampliamente sobre quién era mejor entre ellos. Acababan de regresar a sus lugares de origen después de ministrar. Es lógico suponer que su éxito en el ministerio de poder les había dado a cada uno de ellos toda la evidencia necesaria para probar sus argumentos; en verdad ¡eran los más grandes! Para cerrar con broche de oro Santiago y Juan quisieron matar una ciudad entera de samaritanos pidiendo fuego sobre ellos. Todo en nombre del ministerio y el discernimiento Y ni siquiera reconocieron al espíritu de homicidio. Estas enormes imperfecciones salieron a la luz después del glorioso momento en que Jesús les confió todo poder y autoridad. Es evidente que tenían graves defectos de carácter. La parte más grandiosa de este misterio es que insistió con lo que nosotros podríamos llamar un experimento fallido en el capítulo 9, otorgándole la misma unción a más de 70 personas en el capítulo 10 de Lucas. Él confió Su poder a personas que estaban muy lejos de calificar para caminar en la extrema unción. A veces, el verdadero carácter solo se puede forjar en las trincheras de la guerra y la vida.

Mejores Son Dos que Uno

Es cierto, el poder no es más importante que el carácter. Pero es igualmente cierto que el carácter no es más importante que el poder. Siempre que cometemos ese error, los dones del Espíritu se convierten en recompensas y dejan de ser regalos. Este énfasis en verdad ha dañado nuestra eficacia en los dones del Espíritu. De hecho, ha causado tanto daño en el área de los dones sobrenaturales como los defectos de carácter han dañado nuestro testimonio para el mundo. ¡Ambos son esenciales! Carácter y poder son las dos piernas sobre las que estamos parados: iguales en importancia.

Por cada persona dotada y sin carácter, te puedo mostrar muchas personas con carácter y muy poco poder. Este último ha sido el foco de la iglesia en mi generación en la mayor parte del mundo. Una vida sin poder se considera normal. El resultado es que el impacto sobre el mundo que nos rodea es mínimo. Debemos dejar de calificar esta ecuación, en la que nuestra aprobación proviene de encajar con el estándar aceptado. Debemos volver a Jesucristo —la teología perfecta, el ejemplo supremo de los dones del Espíritu obrando en el contexto de los frutos del Espíritu: Carácter y poder.

Es interesante notar que los grupos de personas que caminan con poco poder están mucho más inclinados a creer que la iglesia se debilitará cada vez más antes de llegar al final de los tiempos. Son propensos a visualizar los últimos tiempos como una carrera donde muy pocos llegaran hasta el final. Esta perspectiva parece legitimar su impotencia, dándole propósito. ¡Es ridículo!

Por otro lado, quienes caminan en poder ven la desesperada condición del mundo, pero también la apertura del mundo a Dios cuando las imposibilidades de sus vidas ceden ante el nombre de Jesús pronunciado por nuestros labios. Cuando la iglesia descubre quién es ella, ya no quiere ser rescatada. Hay una gran diferencia entre la visión de la doncella salvada de las garras del monstruo maligno y aquella que celebra su boda. Y solo una es aceptable para el creyente fiel.

Si valoramos el corazón de Dios, podremos mantener nuestro enfoque. Tal fue el poderío del rey David.

El Regreso al Estándar de Oro

El secreto del ministerio de Jesús radica en la relación que Él tiene con Su Padre. Su misión principal fue revelar al Padre, al mostrar Su naturaleza y Su voluntad. Jesús es la voluntad de Dios. Al hacerlo, hizo declaraciones sorprendentes como: *"... el Hijo no puede hacer nada de sí mismo sino lo que ve hacer al Padre... esto también lo hace el Hijo de igual manera".* (Juan 5:19) y *"lo que le he oído decir es lo mismo que le repito al mundo".* (Juan 8:26). Jesús puso al Cielo rumbo a una colisión con un planeta huérfano llamado Tierra. Su dependencia del Padre trajo la realidad de Su mundo hacia este. Así es como Él pudo decir: *"¡El Reino de los cielos se ha acercado!".*

Todos los hechos de Jesús fueron las expresiones que Su Padre mostró para que toda la humanidad las pudiera ver. Previo a ello, la humanidad entera evidenció la devastadora naturaleza del pecado y las consecuencias de sus acciones. Sin embargo, Jesús vino y suministró el único elemento faltante: El Padre. El escritor de Hebreos llamó a Jesús *"la exacta representación de la naturaleza de Su Padre"* (ver Hebreos 1:3). La vida de Jesús es la revelación más completa y exacta del Padre que jamás se haya visto en este mundo. Jesús dijo: *"Si me han visto, han visto a mi Padre"* (Juan 14:9). Y sigue siendo verdad. El corazón de este Padre perfecto es dar vida a la humanidad. (ver Juan 10:10) y destruir todas las obras del destructor (ver 1 Juan 3:8). El Espíritu Santo es quien, a través de nosotros, revela el corazón del Padre (ver Juan 16:12-15).

El Negocio del Padre

Algunas de las cosas que fueron muy prácticas para Jesús, se volvieron muy abstractas para nosotros, y no debería ser así. Hacer únicamente lo que el Padre hace, es una de las áreas más importantes de la vida que ha sido dañada por la tendencia de sobre espiritualizar lo que era muy natural. Las siguientes son algunas de las formas en las que he podido comenzar a experimentar y entender cómo saber lo que Padre está haciendo. (Quizá aquellas famosas pulseras de silicón que decían WWJD[1] deberían cambiarse a WIFD[2] : —¿Qué está haciendo el Padre?).

Palabra directa: No se pone en tela de juicio que Jesús escuchó directamente al Padre respecto a lo que quería que hiciera en cada circunstancia. Mi creencia personal es que mucha de esa dirección llegó durante las noches que Jesús pasaba en oración antes de cada día de ministerio. Pero también es cierto que el Espíritu Santo, que siempre permaneció sobre Él, revelaba en cada momento lo que el Padre quería de Él. Aprender las muchas formas en que Dios habla, nos ayuda a estar más en sintonía con esta posibilidad.

Ver fe en el otro: Una de las posibilidades más alentadoras que Jesús puso en manifiesto, es que parecía que no siempre sabía qué hacer con anticipación, en cuyo caso obtuvo orientación al ver fe en otra persona. Para mí, esto significa que a veces puedo recibir dirección al ver la respuesta en el corazón de otro por medio de la obra del Espíritu Santo en ellos. La fe solo puede existir en una persona a través de la labor de Dios. Así que es lógico que pueda ver lo que el Padre está haciendo al observar la fe en los demás. Pero si internamente no estoy familiarizado con el terreno de la fe, será más difícil reconocerlo en alguien más. El centurión es un muy buen ejemplo de esto. Jesús quedó atónito por la fe que vio en ese hombre y respondió a su petición mediante la liberación de la palabra para sanar a su siervo. "Al oír esto, Jesús se asombró y dijo a quienes lo seguían: —Les aseguro que no he encontrado en

Israel a nadie que tenga tanta fe." (Mateo 8:10). Jesús liberó la realidad del Reino para este hombre, de acuerdo a su fe. "Luego Jesús le dijo al centurión: —¡Ve! Todo se hará tal como creíste. Y en esa misma hora aquel siervo quedó sano". (Mateo 8:13).

Usando nuestra propia fe: A menudo no tenemos clara la voluntad de Dios en una situación. La dirección del Padre no siempre es clara para mí. En estas situaciones, es posible encontrar la voluntad de Dios a través de nuestra propia fe, al responder a la voluntad revelada de Dios en Su Palabra. A veces cometemos el error de esperar que Dios venga y nos aclarare las cosas, siendo que esa claridad reposa en nosotros para activar la fe y darle seguimiento. La inactividad propia de muchos paraliza su propio ministerio. Una vez más, mucho de lo que necesitemos en la vida nos será provisto, pero también mucho de lo que anhelemos, tendremos que perseguirlo. La fe que permanece sigue la voluntad de Dios hasta encontrarla. Siempre nos quedaremos cortos en este reino milagroso si solo respondemos a las cosas que son claras como el agua. Algunos de los avances más significativos que he evidenciado se produjeron al responder a una leve impresión o idea de lo que Dios podría estar haciendo. Nuestra propia fe nos llevará a descubrir lo que el Padre está haciendo.

El Resultado

Juan el Bautista vio que la paloma reposó y se quedó con Jesús. No hay constancia de que alguien más haya visto la paloma. Sin embargo, todos evidenciaron el resultado de la presencia de la paloma: tanto en pureza como en poder, expuestos para revelar el corazón de Dios para este planeta huérfano.

Así como el Espíritu Santo le reveló la voluntad del Padre a Jesús, Él mismo nos revela el corazón del Padre. Y Su Presencia y Poder revelan al Padre a través de nosotros. Revelar Su voluntad es revelarlo a Él. Jesús se convirtió en la máxima revelación de la voluntad de Dios en la Tierra. Pero no solo a través de lo que Él logró. Es a través del implacable y constante atención y honor que le dio a la Paloma, por cómo la albergó.

Dar lugar a la Presencia de Dios como nuestro mayor gozo y tesoro no debería ser como un truco que usemos para hacer milagros. No obstante, el Padre no puede ser representado adecuadamente sin milagros. Ellos son esenciales en revelación de Su naturaleza.

Hacemos la distinción entre lo natural y lo sobrenatural. Son los dos reinos en los que vivimos. Pero Dios solo tiene uno reino: El natural. Todo es natural para él.

NOTAS FINALES

1. WWJD, What Would Jesus Do, por sus siglas en inglés. En español: ¿Qué haría Jesús?

2. WIFD, What Is the Father Doing?, por sus siglas en inglés. En español: ¿Qué está haciendo el Padre?

9

SOLTAR A LA PALOMA

Es difícil expresar con palabras la forma en la que me conmueve la historia sobre el Espíritu Santo descendiendo sobre Jesús como una paloma, y quedándose con Él. Un celo santo se agita dentro de mí: el celo de vivir en la realidad en la que Jesús vivió. Viendo lo que es posible a través de Su ejemplo me ha liberado para desear con hambre lo que ahora sé que está a mi alcance. Ha sido una experiencia cada vez mayor durante los últimos años, una que continúa avanzando. El hambre se impone.

Jesús no siempre nos dice qué perseguir. Algunas cosas forman parte de nuestras vidas porque nos damos cuenta de los caminos de Dios y, por ende, vamos en pos de ellos. Algunas páginas atrás hablé de esta realidad en otro contexto: Jesús no le enseñó a la gente a tocar Sus vestiduras para encontrar sanidad.

Observaban la naturaleza de Dios fluyendo a través de Él, y respondían de acuerdo a lo que estaba disponible a través de ese ejemplo. Ahora podemos usar el mismo principio para ver lo que Jesús portó continuamente, y que establece el precedente de cómo debe vivir cada uno de nosotros.

Hacemos bien en seguir sus mandamientos. Pero el romance deja de ser romance cuando se convierte en orden. Debemos de ir en pos de algunas cosas solo porque están al alcance. Moisés destilar el clamor de su con esta sencilla oración: *"permíteme conocer tus caminos, para que pueda comprenderte más a fondo y siga gozando de tu favor"*. (Éxodo 33:13). La invitación es: Descubrir Sus caminos, acercarse a Él y conocerle mientras se recorre el camino revelado. Las revelaciones de Su naturaleza son invitaciones para experimentarlo. A medida que nos revela Su naturaleza, a través del mover del Espíritu Santo, habitualmente nos dejará sin mando, pues Él anhela descubrir lo que realmente está en nuestro corazón, tal como sucede en la naturaleza del corazón enamorado que, para el encuentro, siempre responde a la invitación de una puerta abierta.

La Paloma y los Discípulos

El Espíritu Santo no pudo vivir en los discípulos hasta que nacieron de nuevo, que no pudo suceder hasta que Jesús murió y fue levantó de entre los muertos. Pero a pesar de que el Espíritu de Dios no estaba en los doce, Él estaba con los doce.

> *...el Espíritu de verdad, a quien el mundo no puede aceptar porque no lo ve ni lo conoce. Pero ustedes sí lo conocen, porque vive con ustedes y estará en ustedes* (Juan 14:17).

Él les dijo: ustedes sí lo conocen. Esto me parece asombroso pues todavía no habían nacido de nuevo. Tenían cierta medida de relación con el Espíritu Santo antes de nacer de nuevo.

A veces no llegas a conocer a una persona hasta que trabajas con ella. Ciertamente ese es el escenario que Jesús creó para Sus discípulos. Debían desarrollar una relación con el Espíritu Santo en el ministerio, que luego los prepararía para la promoción más asombrosa que se pudieran imaginar: se convertirían en la morada de Dios en la Tierra.

Jesús fue el maestro perfecto. Su tiempo con los doce fue crítico en muchos sentidos. Una de las razones es que durante ese tiempo les dio instrucción práctica para el resto de sus vidas. Tanto por Su instrucción como por Su ejemplo, les reveló lo prioritario de esta maravillosa aventura con Dios y el Espíritu Santo. Pero si te soy honesto, algunas de las instrucciones de Jesús me parecen extremadamente abstractas y hasta algo difíciles de entender.

A veces las lecciones nos parecen poco prácticas, pues vivimos en una atmósfera diferente a cuando se impartió la lección. Si Jesús nos ilustra cómo proteger la Presencia de la paloma, por ejemplo, es mucho más práctico cuando la evidencia de esa Presencia es evidente para los discípulos momento a momento, y durante más de tres años. Si crecemos en un entorno donde la Presencia es poco evidente, no siempre entenderemos la enseñanza de Jesús. La atmósfera creada por Su Presencia manifiesta y un estilo de vida, contribuye asombrosamente a la impartición de dicha lección. Habiendo dicho esto, estamos en los tiempos de una mayor Presencia y Poder: todo esto está cambiando para nosotros, y estoy agradecido. Como resultado, algunas de las cosas que han permanecido escondidas a nuestra vista dentro de las Escrituras, finalmente están siendo reveladas porque ahora ya tenemos dónde ponerlas.

Listos o No... ¡Aquí Vamos!

Después de comisionar a los 70 discípulos, Jesús los envió en parejas hasta sus lugares de origen. Es interesante que Él consideró que estaban completamente preparados. Si somos honestos, en la mayoría de nuestras iglesias, a este grupo de personas no calificadas no les permitiríamos ser ujieres, ni dirigir el tráfico, mucho menos dirigir campañas de evangelización. (Soy de la opinión de que a menudo sobreentrenamos a nuestra gente, al punto de atarlos a sus propios músculos espirituales). Él les envió diciendo:

> *No llevéis bolsa, ni alforja, ni sandalias; y a nadie saludéis por el camino. En cualquier casa que entréis, decid primero: «Paz a esta casa». Y si hay allí un hijo de paz, vuestra paz reposará sobre él; pero si no, se volverá a vosotros.* (Lucas 10:4-6 TLA).

En primer lugar, noten que Él los envió sin provisiones. Sin dinero, sin reservaciones de hotel, sin renta de auditorios… ¡nada!, solo una dirección geográfica y un empujón. Una de las cosas que intenté hacer por mis hijos fue ocuparme con anticipación de cada posible problema que pudiera venir, para asegurar que tuvieran éxito. Pero Jesús no lo hizo. Intencionalmente les envió así. Se metieron en situaciones donde necesitarían el uno del otro (fueron en pareja) y precisarían descubrir la dirección del Espíritu de Dios… en equipo. La meta no era para ellos tener reuniones poderosas en casa, a pesar de que lo hicieron. Su objetivo fue aprender a trabajar con el Espíritu Santo, quien estaba con ellos. Jesús estaba más interesado con el proceso de abrazar La Presencia que con las estadísticas de las reuniones. Estaba levantando un conjunto de personas sobre quienes el Espíritu Santo pudiera reposar y permanecer.

Muchas de las lecciones que necesitamos aprender, las podemos aprender sí, y solo sí, servimos a los demás. El resultado final fue que experimentaron reuniones poderosas en sus hogares, que es el lugar más difícil para tener éxito en el ministerio. Como Jesús ya lo había hecho notar: "… *les digo la verdad, ningún profeta es aceptado en su propio pueblo*". (Lucas 4:24). Una de las razones por las que es tan importante aprender a ministrar en casa es para poder aprender el valor del servicio donde no hay honra. No debemos volvernos adictos a las alabanzas de los hombres. Si no vivimos de sus elogios, tampoco moriremos por sus críticas. Pero esto, solo sería posible si primero entendían el lugar del Espíritu Santo en sus esfuerzos.

La segunda cosa que hay que tener en cuenta es lo que Jesús les dijo que hicieran una vez que encontraran un lugar para quedarse. Debían dejar que su paz reposara sobre esa casa. ¿Acaso era una orden para saludar a la gente con la palabra shalom? Lo dudo. Esa lección pudo haber sido enseñada con mucha menos algarabía. Personalmente, no creo que hayan entendido por completo esa instrucción, sino hasta más adelante en su historia. Pero más allá de eso, debían liberar la paz, y luego, curiosamente, retirarla si allí no había nadie que fuese digno (ver Mateo 10:13). El evangelio de Lucas narra que su paz se volvería a ellos en forma automática.

La Paz, la Persona

El mundo piensa en la paz como la ausencia de algo: un tiempo sin guerra, un tiempo sin ruido o un tiempo sin conflictos. Para un creyente, la paz es una persona —la presencia de alguien. Nuestra habilidad para responder a este mandato de Jesús de liberar la paz sobre una casa es fundamental en Su manual para el ministerio. Está directamente vinculado con nuestra habilidad para reconocer la Presencia del Espíritu Santo. Es difícil liberar, con un mínimo grado de coherencia, aquello de lo que no eres consciente. Esa conciencia de La Presencia siempre aumentará nuestro impacto cuando tratemos de influir en el mundo que nos rodea.

Gran parte de lo que hacemos lo sacamos de principios ministeriales en lugar de obtenerlos desde la Presencia. Uno de los misterios de la vida es que el papel principal de un creyente es la custodia y cuidado de una persona, Presencia Permanente del Espíritu Santo —la paloma que permanece. Él es una persona, no una cosa. Cuando reducimos el regocijo de conocer a Dios a solo unos principios para obtener logros importantes, degradamos nuestra travesía. Aquellos que ponen a los principios por encima de La Presencia solo buscan un reino sin rey.

A Jesús se le llama el Príncipe de Paz en las Escrituras. El Espíritu Santo es el Espíritu de Cristo, la persona de paz. Y esa Paz, que es una persona, es la atmósfera real del Cielo. Por eso la paz es como una espada de doble filo: Para el creyente es tranquilizante y maravillosa, pero altamente destructiva e invasiva para los poderes de las tinieblas. *"Y el Dios de paz aplastará pronto a Satanás debajo de vuestros pies"*. (Romanos 16:20 RVR). Esa sí es una gran tarea para sus seguidores: libera a "la persona de paz" cuando entres en una casa, porque al hacerlo, liberarás La Presencia que es la atmósfera real del Cielo para los corazones rendidos, debilitando al mismo tiempo los poderes de las tinieblas que actúan en ese hogar. Porque esa atmósfera se expresa a través de la persona del Espíritu Santo. Para Jesús, esto era apenas *Ministerio, Curso Introductorio*.

Lo que Dios Anhela

Para Dios, los milagros son tan simples como respirar. No se requiere ningún esfuerzo. Anhelamos milagros porque el Espíritu del Cristo resucitado vive dentro de nosotros. Pero eso no es lo que Él desea de nosotros. Él quiere nuestros corazones. Y si bien es cierto que las expresiones de un corazón rendido son múltiples, Él busca a quienes quieran confiar en Él. Recuerda, sin fe es imposible agradar a Dios (ver Hebreos 11:6). El tema aquí es la confianza.

Para honrarlo plenamente, tenemos que vivir de tal manera que lo que sea que tratemos de hacer este destinado a fracasar a menos que Dios se aparezca. Tal fue la naturaleza de la vida de Jesús en la Tierra. Este tipo de abandono debe ser ahora la naturaleza del creyente. Así es como hoy nos "comisionan" esta tarea. Él dijo: "Ve a una ciudad. Encuentra un lugar donde quedarte. No lleves dinero. No lleves mucha ropa, como si te fueras a quedar por mucho tiempo. Hazte vulnerable y abandónate a Mis propósitos, de modo que no te funcione a menos que me manifieste en provisión y dirección".

Este es el contexto que Jesús les dio a los discípulos para vivir con seguridad, como ovejas que a todo lobo le gustaría devorar. Uno pensaría que hacerse vulnerable al riesgo sería el peor lugar para estar seguro. Pero este Reino funciona de otra forma. Así como al humillarnos somos exaltados, y vivimos al morir, en este Reino también estamos más seguros si somos más vulnerables al peligro por nuestro "sí" a Su comisión. El frente de batalla es en realidad el lugar más seguro para estar. En su mayor fracaso David pasó por alto esta verdad.

Sucedió en primavera, cuando los reyes salen a la batalla. David se quedó en Jerusalén. Al caer la noche se levantó de su cama para caminar por las terrazas de la casa real. Allí, desde el techo, ve a una mujer bañándose; una mujer de aspecto hermosísimo. Entonces manda a preguntar por la mujer, y alguien dice: "¿No es acaso Betsabé, la hija de Eliam, la esposa de Urías el heteo?" David envía mensajeros y la toma, y al llegar ella a él se acuesta con ella (ver 2 Samuel 11:1-4).

David perdió la batalla con sus ojos, que abrieron la puerta para también perder la batalla en su corazón, todo por no estar en la batalla para la que nació. Era la temporada en la que los reyes salían a la guerra. En esos momentos, la guerra hubiera sido un lugar más seguro que su azotea.

Sería tonto pensar que el peligro de los frentes de batalla ministeriales no es real. Pero cuando la Presencia manifiesta de Dios está contigo mientras te encargas de tu misión, los lugares peligrosos se vuelven seguros. La medida en que somos conscientes de nuestra necesidad por Él, suele ser también la medida en la que nos damos cuenta de Él. Nuevamente, se trata solo de la Presencia. Se trata de albergarlo a Él. Esto es lo que descubrieron los 70. Ni su ignorancia o la falta de experiencia los descalificaba. Habían sido enviados por Uno que los acompañaba.

Verdadera Provisión

Mi idea de protección es muy diferente a la de Dios. Yo me aseguraría de que todos los arreglos necesarios para el viaje sean atendidos: los contactos, las juntas, las finanzas y el entrenamiento suficiente. Enviaría también unas diez personas a cada destino para que se aseguren de ministrar en la forma más efectiva. No dejan de asombrarme los pensamientos de Jesús... ¡Tan diferentes! Él los mandó a un viaje que estaba completamente preparado, pero no en la forma en la que, generalmente, a mí me interesa. Estaba completamente preparado porque Dios les acompañaría. Dos personas bastarían: se beneficiarían del principio de la unidad, pero no caerían en los conflictos potenciales en los que cayeron los doce espías que exploraron la tierra en los días de Moisés. Demasiadas opiniones fácilmente ponen en peligro los propósitos de Dios. Dos espías trajeron buenos informes. No digo que viajar en pareja sea el modelo por excelencia para el ministerio. Lo que digo es que Jesús los envió completamente preparados, en maneras que no siempre reconocemos. Dios iría con ellos en su misión para liberar la paz sobre una casa, sanar a los enfermos, resucitar a los muertos, etc. Jesús se aseguró de que permanecieran concentrados en el Espíritu Santo. Fueron preparados de la mejor manera posible. Ellos vieron cómo lo hacía Jesús, y Él los comisionó para un deber que les exigía permanecer y depender del Espíritu Santo.

Como se dijo, yo hubiera proporcionado todas las cosas necesarias a nivel de lo natural. Jesús proporcionó la dirección y la Presencia como se ve en el poder y la autoridad que les fue conferida. Lo que Él les dio asegura que las provisiones naturales estarán allí porque el Espíritu Santo está obrando. Este es el concepto con el que Jesús instruyó a las multitudes en Mateo 6:33, *"Busca primero el reino de Dios... y todas estas cosas les serán añadidas"*. Su Reino opera enteramente bajo el principio de "primero lo primero". La provisión del Señor no significa solamente pan sobre la mesa. La provisión sobrenatural del Señor es protección divina e impacto total en nuestra misión. Justo de eso se trata: Renunciar a las riendas del control en mi vida para convertirme en una persona realmente empoderada y dirigida por el Espíritu Santo. Su comisión fue ir y aprender cómo se mueve el Espíritu Santo. Ve y aprende Sus caminos.

La Profecía de Noé

Dentro de las Escrituras, la historia de Noé y el diluvio sería un lugar inusual para que Jesús hubiese encontrado una lección para Sus discípulos. Bajo el contexto del Antiguo Testamento, un fragmento ilustra lo que Jesús enseñaría que se debe hacer.

Después de cuarenta días, Noé abrió la ventana del arca que había hecho y soltó un cuervo, el cual estuvo volando de un lado a otro, esperando a que se secara la tierra. Luego soltó una paloma, para ver si las aguas que cubrían la tierra ya se habían retirado. Pero la paloma no encontró un lugar donde posarse, y volvió al arca porque las aguas aún cubrían la tierra. Noé extendió la mano, tomó la paloma y la metió consigo en el arca. (Génesis 8:6-9).

Te recuerdo que la paloma representa al Espíritu Santo en las Escrituras. Esto es muy evidente en la historia del bautismo en agua de Jesús. Aquí en la historia de Noé encontramos una descripción interesante sobre la conexión de Noé con la paloma. Ningún otro animal recibió la misma atención o tuvo el vínculo implícito con Noé como lo hizo esta paloma.

Noé liberó la paloma porque quería buscar un lugar para posarse. Al no encontrar un lugar para descansar, regresó con él al arca. Así es la imagen de la liberación del Espíritu Santo por medio de los discípulos cuando entran a casa de alguien. Se implica que el

Espíritu Santo todavía busca lugares para descansar, solo que ahora esos lugares son personas. Al no poder encontrar un lugar para reposar, la paloma volvió a Noé, el remitente. Una vez más, considera las palabras de Jesús sobre la liberación de la paz en un hogar. Si allí no hubiere una persona que acogiera Su Presencia con gusto, *"volverá a ti"* (Lucas 10:6). Cuando la paloma no pudo encontrar lugar para descansar, simplemente regresó. Noé extendió su mano y trajo a la paloma de vuelta hacia sí mismo. Son palabras interesantes: "de él mismo" y "hacia sí mismo". Este es un vistazo del Antiguo Testamento hacia el ministerio del Nuevo Testamento.

> *Esperó siete días más y volvió a soltar la paloma fuera del arca. Caía la noche cuando la paloma regresó, trayendo en su pico una ramita de olivo recién cortada. Así Noé se dio cuenta de que las aguas habían bajado hasta dejar la tierra al descubierto* (Génesis 8:10, 11).

Liberó de nuevo a la paloma, pero esta vez regresó a Noé con un informe de su progreso. Dios diseñó el arca de tal manera que no había ventanas, excepto la del techo desde donde se podía soltar a la paloma. Noé solo podía ver hacia el cielo y confiar en la información que recibía de la paloma. Las aguas disminuían sobre la Tierra.

> *Entonces esperó siete días más, y volvió a enviar la paloma; pero ella ya no regresó a él de nuevo* (Génesis 8:12).

La siguiente vez que liberó a la paloma, esta no regresó. Creo que para la mayoría de nosotros esta lección es algo distante porque recibimos muy poca enseñanza y tal vez nulas experiencias sobre cómo aprender a reconocer la Presencia de Dios. Ministerialmente hablando, la mayoría nunca sabría si la paloma fue liberada, y mucho menos si regresó. Sería realmente difícil saber si el Espíritu Santo liberado por nosotros estuviera descansando en este momento sobre alguien más. No lo digo para vergüenza de nadie, sino para crear hambre para lo que es legalmente nuestro privilegio y responsabilidad. Debemos conocer los caminos y la Presencia del Espíritu Santo para poder cooperar con Él de tal forma que podamos cambiar al mundo que nos rodea. ¡Este es el verdadero ministerio!

Encuentra al Merecedor

Parte de la instrucción que Jesús dio a los 70 fue encontrar aquellas personas dignas, sobre quienes pudiesen liberar Su paz. Toda la Escritura enseña que Dios no ve la apariencia externa de una persona. Dios mira el corazón. Esto se evidenció en la historia del profeta Samuel cuando buscaba a un nuevo rey para Israel. Todos los hijos de Isaí desfilaron ante él para la elección. En el ámbito de lo natural, el profeta encontró al candidato perfecto. Pero Dios dijo que no. Después de verlos a todos, Samuel preguntó si había faltado alguien. Aún queda el menor, dijeron, y fueron a buscar a David, quien apacentaba las ovejas de su padre. Al ver su corazón, Dios dijo que él era el indicado.

David no recibió el mismo trato que el resto de sus hermanos. Isaí, su propio padre, no lo consideró elegible para el puesto de Rey. No estoy seguro si por mero descuido o porque algo más había sucedido. David mencionó haber sido concebido en pecado. *"He aquí, yo nací en iniquidad, y en pecado me concibió mi madre"*. (Salmo 51:5). Es posible que David fuera hijo de otra esposa de su padre Isaí, o quizá incluso de una aventura, lo que le haría el medio hermano de todos. Sea cual fuere el motivo, ni su padre ni sus hermanos le hubieran elegido. Pero Dios vio su corazón y lo eligió para ser el próximo rey.

¿Cómo sabemos quién es digno? Los respetables ciudadanos de la comunidad no siempre fueron Su primera opción. Muy a menudo eran el endemoniado, los recaudadores de impuestos, las rameras, etc., todos fueron considerados dignos del toque de Dios. Durante muchos años he observado este misterio acerca de la elección de Dios por una persona y debo admitirlo, es una de las cosas más maravillosas y difíciles de explicar. Dios afirmó haber elegido a Israel por ser los menos importantes de todos. Lo que también se aplica a las personas.

Consideremos esto: Obviamente Jesús no esperaba que sus discípulos supieran quién era digno al entrar en una casa, de lo contrario, Él les habría hecho liberar la Presencia del Espíritu Santo solo cuando encontraran gente digna. En otras palabras, no habrían requerido la observación adicional sobre el regreso de la paz a ellos de haber alguna evidencia natural acerca de quién era la persona digna. Solo podían saber quién era digno por su respuesta al Espíritu Santo —¿Él reposó sobre ellos? ¿Respondieron a la persona del Espíritu Santo o no? ¿El Espíritu Santo regresó al remitente? Eso es lo que determinaría si eran dignos. Se trata de cómo responden a la paloma. ¡Increíble!

Los grandes pecadores perdieron su inocencia en muchas áreas de sus vidas. Pero en lo profundo de sus corazones, para la mayoría, hay una inocencia en lo que respecta al Espíritu Santo mismo. Para muchos que están atrapados en pecados profundos, esta parte del corazón sigue siendo territorio virgen. Lo he visto tantas veces. Tanto los más corruptos, como los más inmorales y engañosos cambian en el momento en que desciende el Espíritu Santo sobre ellos. Debajo de toda esa insensibilidad causada por el pecado había un lado de profunda ternura. Es algo que ninguno de nosotros puede ver sin ayuda del Espíritu Santo. Sorprendentemente, sus corazones respondieron a Dios cuando apareció. Son aquellos de quienes Jesús habló cuando dijo: *"si ella ha amado mucho, es que sus muchos pecados le han sido perdonados. Pero a quien poco se le perdona, poco ama"*. (Lucas 7:47) Y esa es la respuesta que revela que son dignos de la paloma.

Por lo contrario, aquellos que a menudo han estado sobreexpuestos a las cosas de Dios, son quienes en realidad le resisten. La Sobreexposición a menudo sucede cuando una persona escucha muchas enseñanzas de la Palabra, pero no llega a un lugar de total rendición. Este fue el problema de los fariseos. Los que estaban mejor entrenados para reconocer al Mesías, le perdieron de vista por completo cuando vino. La entrega total nos lleva a encuentros con Dios que nos mantienen sensibles. Sin ese elemento, nos endurecemos a la mismísima palabra que nos dio para transformarnos. Se parece mucho a la forma en la que se hacen las vacunas. Se nos expone a pequeñas dosis de una enfermedad en particular, lo que a hace que nuestro cuerpo desarrolle resistencia. Jesús no debe ser probado en pequeñas porciones. A Él se le debe completa entrega de todo corazón. Cualquier cosa menos, a menudo producirá un resultado opuesto a lo que Él deseaba para nosotros.

Sin duda alguna, esta es una incursión fascinante: encontrar a las personas sensibles al Espíritu Santo. Sé que no siempre le he respondido bien a Él. Incluso ahora, aprender a dejarle dirigir el baile, se siente como un objetivo a largo alcance.

Permanecer: Ser Conscientes de Él

En el Cielo no hay pensamientos vacíos acerca de Dios. Él es la luz, la vida y el corazón de Su mundo. El Cielo está lleno de perfecta certidumbre y confianza en Dios. En contraste, este mundo está lleno de desconfianza y caos. Siempre liberaremos la realidad de uno de los dos mundos, del que somos más conscientes. Vivir consciente de Dios es parte fundamental del mandamiento de permanecer en Él. En el siglo XVI el hermano Lawrence ilustró este tema notablemente bien. Lo presenta en el libro *La Práctica de la Presencia de Dios*. Se dice de él que no había diferencia entre sus tiempos de oración y su tiempo de trabajo en la cocina. Su conciencia de Dios y su comunión con Él eran iguales en ambos roles.

Vivir con una conciencia continua de Él tiene que ser el objetivo supremo para cualquiera que entienda el privilegio de albergarle. Él es el Espíritu Santo, y hace que la santidad sea una parte imprescindible en el enfoque de nuestras vidas. Con todo, Él es tanto bueno como santo. Me preocupa cuando la gente ambiciona la santidad sin descubrir la piedra angular de nuestra teología: Dios es bueno. He aprendido que toda mi ambición, disciplina y profundo arrepentimiento tuvieron poco efecto en mi vida en lo que respecta a la santidad. La santidad es el resultado natural de deleitarse en Él, que es santo —Él, el Único que me acepta como soy. Los esfuerzos sudorosos no han cambiado nada en mi vida que valga la pena mencionar, quizá solo para hacerme orgulloso y miserable. Ojalá hubiera descubierto esta dimensión de la vida cristiana hace mucho tiempo en mi caminar con el Señor. Sinceramente me hubiera ahorrado muchos años de frustración.

El Desarrollo de la Conciencia de Dios

Todo creyente es consciente de Dios, pero no siempre en una forma consciente. Desarrollar esta conciencia es una de las cosas más importantes de nuestra vida en Cristo. Se le llama "Dios con nosotros". Conocerle a Él de ese modo es esencial para nuestro desarrollo.

Un amigo mío, quien es piloto, alguna vez me contó acerca de una prueba que les hacen a los pilotos como parte de su entrenamiento. Ponen al aprendiz en un simulador de vuelo que es capaz de recrear la atmósfera de un avión real a gran altitud. Los pilotos deben poder reconocer si hay una falla en los sistemas del avión. Por ejemplo, una alarma se dispara cuando los niveles de oxígeno bajan demasiado. En ese caso, se usa el oxígeno de respaldo para mantener a todos con vida. Pero ¿qué se hace si el sistema que te debe de advertir sobre un peligro inminente falla? Y ese es el objetivo de la prueba. Han descubierto que el cuerpo de cada persona reacciona de forma diferente a la disminución de los niveles de oxígeno. Una serie de tics nerviosos pueden aparecer en la pierna de una persona, mientras que a otra solo se le eriza el vello de los brazos. Es así de diverso. Quien controla el simulador reproduce la atmósfera de un avión que vuela a gran altura. Después, lentamente hace que los niveles de oxígeno disminuyan. Es ahí cuando el piloto debe anotar cualquier sensación corporal. Y justo antes de que se desmaye, los niveles se restauran a la normalidad. Cuando terminan, el piloto cuenta con una lista de señales de advertencia para ayudarle a darse cuenta de que, si su pierna empieza a sufrir tics nerviosos al volar, sabe que debe revisar el oxígeno. Observa que sin el entrenamiento del instructor de vuelo para que concentren su atención en las señales que sus cuerpos experimentan, estos futuros pilotos nunca reconocerían que algo fuera de lo ordinario está pasando. Indiscutiblemente, nunca sabrían que sus cuerpos les pueden advertir acerca de bajos niveles de oxígeno. En comparación, a menudo vivimos en un Ignorancia similar respecto a la Presencia de Dios.

Todo creyente experimenta la presencia de Dios de alguna forma, pero a menudo nos quedamos sin ser entrenados. Esto es especialmente cierto en una cultura que enfatiza las fortalezas cognitivas por encima de las capacidades espirituales y sensoriales. Por ejemplo, nuestros cuerpos fueron creados con la capacidad de reconocer la Presencia de Dios. El salmista dijo incluso que su carne clamaba por el Dios viviente (ver Salmo 84, NKJV). El escritor de Hebreos enseñó que una señal de madurez era la capacidad de discernir entre el bien y el mal a través de nuestros sentidos: *"Pero el alimento sólido es para los adultos, los cuales por la práctica tienen los sentidos ejercitados para discernir el bien y el mal"*. (Hebreos 5:14 LBLA).

Aquellos que están capacitados para reconocer el dinero falso nunca estudian al dinero falso, ya que las posibilidades de hacer falsificaciones de dinero son infinitas. Por lo contrario, profundizan y se exponen a los billetes verdaderos, para que lo falso sobresalga en forma automática. Lo mismo pasa con el desarrollo de nuestros sentidos para discernir el bien y el mal. La inmersión en el descubrimiento de la Presencia de Dios sobre nosotros (el Espíritu dado sin medida) hará que todo lo contrario a Dios se delate.

Generalmente, mi corazón puede decir cuando algo está bien o mal. Pero Él me hablaría de una forma en la que solo mis sentidos naturales pudieran captar lo que Él diría o revelaría. Él hace esto en forma intencional para entrenarnos como buenos soldados de Su ejército y escuchar en todos los contextos en los que Él se pueda estar moviendo o hablando. Esto nos hace capaces de estar "a tiempo y fuera de tiempo instantáneamente".

Descúbrelo a través del Afecto

El Espíritu Santo es un amante increíble. Es tan tierno y siempre está cerca. Una de las cosas que descubrí, casi por accidente, es que cada vez que vuelco mi afecto hacia Él, Él comienza a manifestarse sobre mí. Aprender a expresarle afecto para luego reconocer Su respuesta vale tanto para mí, que ninguna palabra jamás será suficiente. Él viene, y Su venida siempre es maravillosa.

Una práctica que tengo desde hace muchos años es irme a dormir todas las noches con esta sencilla actividad: libero mi cariño por Él hasta que siento que Su Presencia descansa sobre mí. Ahora bien, como sí me interesa dormir, no uso este tiempo para cantar alabanzas o para interceder por alguna necesidad apremiante. Simplemente le amo hasta que mi corazón se calienta con Su presencia. Si me despierto en la noche, hago lo mismo, vuelco mi corazón nuevamente a Él y nos dormimos unidos.

Es importante saber cómo funciona la vida. Cuando Dios creó todo, *"vino la noche, y llegó la mañana: ese fue el primer día"*. La frase se repite muchas veces en el capítulo uno de Génesis. El día empieza por la noche. Darle nuestras noches es la mejor manera de comenzar nuestro día. A muchos les iría mejor durante el día si aprendieran a darle sus noches. Para otros, el tormento que viven durante las vigilias de la noche terminaría con esta simple acción. Empieza tu día en la noche, dándole tu afecto hasta que Él caliente tu corazón. Aprende a mantener la sensación de su Presencia durante toda la noche, para que influya en tu día.

Vuelve a la Añeja Lección

Después de su resurrección, Jesús se reunió con sus discípulos en un cuarto que utilizaban de escondite. Pero no nos referimos a una reunión agendada. Se estaban escondiendo porque temían estar en la lista de los más buscados por los líderes religiosos. Y, una de dos, o Jesús caminó a través de la pared o simplemente apareció en la habitación. ¡Vaya forma de serenar sus miedos! Así que Jesús responde a su espanto con un; *"¡Paz a ustedes!"* (Juan 20:19). No comprendieron lo que Jesús estaba poniendo a su disposición. Cuando se da la paz, debe recibirse con el fin de ser aprovechable. Después de eso, Jesús les mostró sus manos y Su costado para que pudieran evidenciar las cicatrices de su crucifixión. *"Al ver al Señor, los discípulos se alegraron"* (Juan 20:20). Solo después de ver las cicatrices, se dieron cuenta de quién era Él. Allí les dice otra vez *"¡Paz a ustedes!"*.

Jesús a menudo se presenta en formas inimaginables. Y eso fue justo lo que hizo con los 2 hombres en su camino a Emaús (ver Lucas 24:13-32). Aún a pesar de presentarles las escrituras de forma que sus corazones ardían, ni siquiera le reconocieron. Sus ojos se abrieron y le reconocieron solo después de que Él partió el pan en la mesa. En ambas ocasiones, Sus seguidores se dieron cuenta de quién era después llamar su atención hacia la cruz —las cicatrices de la lanza en Su costado y de los clavos en Sus manos, y el pan, que representaba Su cuerpo partido., Los moveres de Dios deben apuntar hacia la cruz como punto focal para salvaguardar su autenticidad como el punto focal, cuidando que lo primero sea lo primero. El trono es el centro de Su Reino, y sobre Su trono se sienta el Cordero de Dios. El sacrificio de sangre será honrado y celebrado por toda la eternidad. Si bien es cierto que la resurrección es la que ilustra y empodera cabalmente la vida cristiana, es la cruz la que nos lleva hasta ella. ¡Sin la cruz no hay resurrección!

"Paz a ustedes". Jesús vuelve a la lección que les da en la primera comisión de Mateo 10:8-12. Les instruyó a liberar la paz al entrar en una casa. Jesús calmó una tormenta con paz. Él se levantó, reprendió al viento y ordenó al mar: "¡Silencio! ¡Cálmate!" El viento se calmó y todo quedó completamente tranquilo. (Marcos 4:39). Pero esta fue justo la tormenta en la que Él se durmió. Tenemos autoridad sobre cualquier tormenta en la que podamos dormir. Hay que tener paz para entregar paz. Permanecer en paz nos convierte en una amenaza para cualquier tormenta.

Creyeron después de que Jesús demuestra sus cicatrices. Les declara Paz de nuevo, pues Él es el Dios de la segunda oportunidad. Aparentemente esta vez si la recibieron, pues a continuación les confía la más grande comisión que jamás se haya recibido. *"Jesús entonces les dijo otra vez: Paz a vosotros; como el Padre me ha enviado, así también yo os envío"*. (Juan 20:21 RVR). Ahí está: como el Padre me ha enviado, YO también te envío. ¡Espectacular! No existe llamado más sublime que caminar sobre el llamado de Jesús. Y por si eso no fuera suficiente, llegamos a la parte que lo hace posible. *"Después de decir esto, sopló sobre ellos y les dijo: 'Recibid el Espíritu Santo'"*. (Juan 20:22 RVR).

Si Jesús hubiera dicho que como el Padre lo enviaba, también nos enviaba a nosotros, y luego hubiera ofrecido un banquete para los pobres, enfatizaríamos la alimentación de los pobres como el ministerio principal de Jesús al que fuésemos a entrar. Si después de darnos la gran comisión le hubieran seguido dos servicios de adoración de una hora, diríamos que esa sería la principal función sobre la que debiéramos caminar. Cualquier actividad posterior a la orden se enfatizaría como primaria: es decir, a menos que sea abstracta, que es lo que pasó en este caso. Y como esto que hace Jesús en esta ocasión es algo tan inusual, se pierde en la larga lista de actividades que solo Dios puede hacer: liberar el Espíritu de Dios. Me gustaría sugerir que Jesús modeló la naturaleza de todos los ministerios en este acto particular. Hacer lo que Él hizo implica soltar a la paloma (Espíritu Santo), hasta que Él encuentre lugares (personas) en donde pueda posarse. Jesús también sintetiza la vida de quienes le siguen en la gran comisión —como el Padre me envió, yo también os envío. Ahora, ¡libera al Espíritu de Dios!

Poder y Autoridad

Jesús ya les había dado a sus discípulos poder y autoridad mientras aún estaba en la Tierra. Cooperaron con el Espíritu tanto en los "viajes misioneros" como durante el ministerio terrenal de Jesús. Cabe destacar que lo que les dio no les duraría hasta después de Su muerte y resurrección. Les llevó consigo hacia Su experiencia y les permitió funcionar bajo el paraguas de Su autoridad y poder, lo cual hicieron bien. Ahora tendrían que tener su propia experiencia con Dios para adquirir estos dos ingredientes necesarios.

Cuando los discípulos recibieron al Espíritu Santo en Juan 20, nacieron de nuevo. Recibieron una tarea de parte de Dios que fue reafirmada y ampliada en Mateo:

Por tanto, vayan y hagan discípulos de todas las naciones, bautizándolos en el nombre del Padre y del Hijo y del Espíritu Santo, enseñándoles a obedecer todo lo que les he mandado a ustedes. Y les aseguro que estaré con ustedes siempre, hasta el fin del mundo (Mateo 28:19-20).

Después de esta experiencia, se les ordenó que no se fueran de Jerusalén hasta que fueran revestidos con poder del Cielo. *"Ahora voy a enviarles lo que ha prometido mi Padre; pero ustedes quédense en la ciudad hasta que sean revestidos del poder de lo alto"*. (Lucas 24:49). La autoridad viene con la comisión, pero el poder viene con el encuentro. Se les ordenó que no se fueran hasta que tuvieran su encuentro con el Espíritu de Dios. En Mateo 28, recibieron autoridad, pero en Hechos 2, recibieron poder. Esto es cierto hasta el día de hoy: La autoridad viene de la comisión, y el poder viene del encuentro. Y aunque estos dos elementos parecen tener su enfoque principal en el ministerio, son primero los elementos esenciales para compenetrarnos en una relación con el Espíritu Santo. El Poder y la autoridad nos conducen hacia la naturaleza del Espíritu Santo con el objetivo principal de albergar Su Presencia. El ministerio debe brotar de la relación con la persona que vive dentro de nosotros por nuestro bien, pero que reposa sobre nosotros por el bien de los demás.

Liberando Su Presencia

Probablemente haya innumerables formas de liberar la presencia de Dios. Yo Conozco cuatro que son intencionales:

Por la Palabra

JJesús usó este método con frecuencia. Él solo decía lo que Su Padre decía. Lo que significa que cada palabra hablada tenía su origen en el corazón del Padre. En Su charla más confusa, las multitudes le abandonaron en tropel, como lo narra Juan 6. Durante el mensaje, habló de que tendrían que comer Su carne y beber Su sangre para tener vida en Él. Jesús nunca antes había enseñado algo tan grotesco. Para el oyente común y corriente hablaba de canibalismo. Y sabemos que esa no fue Su intención, pero allí están los hechos. Lo que más me asombra es que ni siquiera se molestó en explicar lo que había querido decir. Dudo mucho que entre los mortales haya un solo maestro o pastor que no se hubiera asegurado de que la gente entendiera a qué se refería, especialmente si vemos a la multitud cuchichear y después salir despavorida. Sin embargo, sirvió a su propósito ya que tenían toda la intención de hacerle rey a la fuerza. Cuando les pregunta a sus discípulos si ellos también se marcharían, Pedro respondió: "Señor, ¿a quién iremos? Tú tienes palabras de vida eterna" (Juan 6:68). A mi entender lo que Pedro le estaba diciendo era: "No entendemos tu enseñanza mejor que quienes se fueron. Pero lo que sí sabemos es que siempre que hablas, cobramos vida por dentro. Cuándo tú hablas, ¡descubrimos el por qué de nuestras vidas!".

Solo unos pocos versículos antes, Jesús les había explicado una parte especialmente importante de la vida cristiana ministerial cuando dijo: *"Las palabras que les he hablado son espíritu y son vida"* (Juan 6:63). Jesús es la palabra hecha carne. Pero cuando habló, la palabra se convirtió en Espíritu. Eso es lo que pasa siempre que decimos lo que el Padre está diciendo. Todos lo hemos experimentado: estamos en un problema, y de pronto alguien entra en la habitación y dice algo que cambia la atmósfera de toda la habitación. No sucede simplemente porque ese alguien viene con una gran idea. Habla de algo que se materializa, una sustancia que cambia la atmósfera. ¿Qué sucedió? Que se habló algo oportuno y con propósito. Sucede cuando se dice lo que el Padre estaba diciendo. Las palabras se vuelven espíritu.

Las palabras son las herramientas con las que Dios creó el mundo. La palabra hablada también es medular para crear fe en nosotros (ver Romanos 10:17). Su palabra hablada es creativa por naturaleza. Decir lo que el Padre dice libera la naturaleza creativa y la Presencia de Dios hacia una situación determinada para traer Su influencia y cambio.

POR UN ACTO DE FE

Su Presencia acompaña a Sus hechos. La fe aporta una liberación sustancial de la Presencia, que es visible una y otra vez en el ministerio de Jesús. Un acto de fe es cualquier acción externa que demuestra la fe en lo interno. Un ejemplo; le he dicho a la gente que corra con un tobillo o pierna gravemente lesionados. Tan pronto como lo hacen, se sanan. ¿Cómo es posible? La Presencia se libera en forma de acción. Eso es algo que yo nunca haría solo con el principio de fe. Me dispongo a dar ese tipo de instrucción únicamente desde la Presencia. Muchos líderes cometen un gran error en este punto. Nunca le voy a pedir a alguien que se ponga en riesgo solo por un principio. Si estoy experimentando lo que pareciera ser un obstáculo en mí caminar con Cristo, quizá demande una osadía de mi parte, basada en un principio, pero nunca de alguien más. .

POR UN ACTO PROFÉTICO

Esta es una faceta única en la vida cristiana, ya que requiere una acción que, en apariencia, no tiene conexión con el resultado deseado. Mientras que apoyarse sobre un tobillo lesionado se relaciona con el resultado, la sanidad de un tobillo, un acto profético no tendría nada que ver con ello. Un buen ejemplo sería cuando se le dice a Eliseo acerca del hierro de un hacha que cae al río, La Biblia dice que: *"cortó un palo y, echándolo allí, hizo que el hacha saliera a flote."* (2 Reyes 6:6). Puedes tirar palos en el agua todo el día y nunca lograr que el hierro de un hacha salga a flote. Según parece, tal acto no está relacionado. La fuerza del acto profético es que viene del corazón del Padre. Es un acto profético de obediencia cuya lógica está fuera del razonamiento humano.

He visto lo mismo suceder muchas veces cuando alguien requiere un milagro. Les pido que salgan de donde están sentados y permanezcan de pie en el pasillo de la iglesia. No porque hubiera más poder del Espíritu Santo en el pasillo sino porque es un acto profético que libera la Presencia del Espíritu Santo sobre ellos. Muchas veces Jesús operó así. Una vez le pidió a un ciego que se lavara en el estanque de Siloé (ver Juan 9:7). No es que hubiera poder sanador en ese estanque. El milagro se liberó por el acto de ir y lavarse: ambos actos no están relacionados de forma lógica al resultado deseado.

POR EL TOQUE

La imposición de las manos es una de las principales doctrinas de la iglesia, referida en particular como "La doctrina de Cristo" (ver Hebreos 6:1-2). También fue una práctica del Antiguo

Testamento. El sacerdote ponía sus manos en una cabra para sim-
bolizar la transferencia de los pecados de Israel a esa cabra que
luego sería soltada en el desierto. La imposición de manos sobre
la cabra era para liberar algo que ayudara a Israel a alcanzar su
propósito. También se utilizó para impartir autoridad, como en el
caso de Moisés y sus ancianos. El apóstol Pablo impuso sus manos
sobre Timoteo para liberar y transferir la comisión apostólica. En
Hechos, se les imponían las manos a las personas para la impartición del Espíritu Santo sobre ellos (ver Hechos 8:18). El punto
es este: imponer las manos sobre las personas es una herramienta
que Dios usa para liberar la realidad de Su mundo y Su Presencia,
sobre otra persona.

No Intencional

Además de la liberación intencional de Su presencia, hay
innumerables formas en las que Su presencia se libera y que, de
nuestra parte, no son intencionales. No obstante, si cooperamos
con Él, se vuelven normales.

La Sombra

Una de las grandes historias sobre el desbordamiento de la
Presencia sobre una persona, es la de la sombra de Pedro. No
existen indicios de que esto fuera orquestado o esperado por Pedro. Pero la gente aprendió a acceder a lo que reposaba sobre él.
Nuestra sombra siempre liberará lo que sea que nos esté dando
sombra a nosotros. Ser un lugar de reposo para el Espíritu hace
que tanto la sombra, como la tela o las ungidas prendas de vestir,
sean instrumentos de gran poder en nuestras vidas. Y no creo
que esto tenga nada que ver con nuestra sombra en sí. Más bien
creo que tiene que ver con la proximidad a la unción. Las cosas se posibilitan a través de nosotros, y no tienen nada que ver
con nuestra fe. Pero tienen todo que ver con quien descansa sobre nosotros —aquel a quién le estamos dando lugar. Bajo este

contexto, más cosas buenas suceden por accidente que las que suelen suceder a propósito.

LA COMPASIÓN

La catalogo como no intencional porque proviene de nuestro interior, como si se tratara de un volcán. A menudo leemos que Jesús fue movido a compasión y sanó a alguien. Estar dispuesto a amar a la gente con el amor de Cristo pone lo milagroso en primer plano. A menudo la gente confunde compasión con simpatía. La simpatía le presta atención a una persona necesitada, pero no puede liberarla. La compasión, por otro lado, llega para liberar. La simpatía es la falsificación de la compasión.

LA ROPA

Esto opera mediante el mismo principio que la sombra anteriormente mencionada. La Presencia manifiesta de Dios sobre una persona hace que las cosas inimaginables sean posibles. Su Presencia satura a la tela.

LA ADORACIÓN

Esto tiene un efecto inusual en nuestro entorno. Sabemos que Él habita en nuestra alabanza (ver Salmo 22:3). Por eso es lógico que La Presencia se libere y la atmósfera cambie. De hecho, la atmósfera de Jerusalén cambió, en parte, por la adoración. *"¡Y los oímos hablar en nuestras propias lenguas de las maravillas de Dios!"* (Hechos 2:11). Esta alabanza contribuyó a un cambio de atmósfera sobre una ciudad entera, donde se erradicó la ceguera espiritual, seguida por la salvación de 3,000 almas.

Yo mismo lo he visto cuando hemos rentado algún edificio para los servicios de la iglesia, solo para que las personas que lo usan posteriormente hagan comentarios respecto a la Presencia que queda. Hace muchos años un amigo mío solía llevar a la gente a las calles en San Francisco. Sobra decir que se topaban con una gran resistencia. Cuando se dio cuenta de que cuando Dios se levanta, sus enemigos se dispersan, utilizó este enfoque en forma estratégica para el ministerio (ver Salmo 68). Dividió su equipo en dos. La mitad salía a adorar y la otra mitad a ministrar a la gente. La policía le decía que cuando salía a la calle, el crimen se detenía. Este es el asombroso resultado de la liberación de una paloma sobre un parte de la ciudad. La atmósfera cambia a medida que se le da a la Presencia el lugar que le corresponde.

La Asignación Definitiva

No puedo pensar en ningún privilegio mayor que el de dirigir la Presencia del Espíritu Santo hacia este mundo y luego buscar puertas abiertas para liberarlo. Alguna vez un amigo profeta me dijo: "Si sabes de una iglesia a la que creas que deba ir, avísame y voy". Básicamente me estaba diciendo: "Has hallado favor a mis ojos. Y si hay una iglesia a la que quieras que vaya, les mostraré el mismo favor que estaría dispuesto a mostrarte a ti". En cierto modo, esa es la naturaleza de este supremo llamado. Al administrar Su Presencia apropiada y relacionalmente, Él nos permitirá el privilegio cada vez mayor de liberar Su Presencia en diversas situaciones y en las vidas de otras personas al ministrarlas. El mismo favor que ya nos ha revelado, se los mostrará a ellos.

10

EL LADO PRÁCTICO
DE SU PRESENCIA

No estoy seguro cuándo sucedió, ni siquiera cómo sucedió, pero en algún lugar de la historia de la iglesia, el sermón se convirtió en el enfoque principal de nuestras reuniones. Estoy seguro de que el cambio fue sutil e incluso justificado: por el gran valor que le tenemos a la Palabra de Dios. Pero para mí, esa no es razón suficiente, y no lo digo por menospreciar las Escrituras. Es solo que la presencia física de una Biblia jamás debería convertirse en el reemplazo del Espíritu de Dios sobre Su pueblo.

Israel acampó alrededor del tabernáculo de Moisés, que albergaba el Arca de la Alianza. Allí es donde moraba la Presencia de Dios. Ese era el núcleo absoluto de la vida de la nación. Era práctico para ellos. Israel acampaba alrededor de la Presencia de Dios, mientras que la iglesia a menudo se concentra en torno a un sermón. De alguna forma debemos ajustarnos a lo que sea necesario para redescubrir la naturaleza práctica de La Presencia de Dios como el eje fundamental de todo lo que hacemos y somos.

Acerca de la iglesia primitiva, se dice que el 95 por ciento de sus actividades se habría detenido si el Espíritu Santo hubiera sido quitado de ella. Pero también se afirma que el 95 por ciento de las actividades de la iglesia contemporánea continuarían con toda normalidad porque Su Presencia apenas se reconoce. Afortunadamente, estos porcentajes están cambiando, ya que Dios nos ha estado reconfigurando para el empujón final de Su Presencia y cosecha en Sus últimos días. Pero tenemos mucho camino por recorrer.

Enfocarnos en la Presencia como individuos, familias e iglesia, debe ser puesto nuevamente en el primer plano. Es el corazón de Dios para nosotros, ya que nos ayuda a madurar en ese tema tan importante de la confianza.

Con Todos Nuestros Corazones

Uno de los pensamientos más arrogantes que jamás haya entrado en la mente, es que la Presencia de Dios no es práctica. Tal mentira nos impide descubrir Su cercanía. Es el autor de El Libro, el diseñador de la vida, y la inspiración de nuestra canción. ¡Él es lo máximo en practicidad!

Vivir conscientes de Su Presencia en nosotros es una de las partes más esenciales de esta vida. Su nombre es Emmanuel, que significa Dios con nosotros. Y ese estilo de vida "Dios conmigo", lo heredamos de Jesús. Debemos vivirlo con la misma prioridad de la Presencia para tener el mismo impacto y propósito que Él tuvo.

Confía en el Señor de todo corazón, y no en tu propia inteligencia. Reconócelo en todos tus caminos, y él allanará tus sendas. (Proverbios 3:5-6).

La confianza nos llevará más allá del entendimiento y hacia reinos que solo la fe puede descubrir. La confianza se basa en la interacción y el consecuente descubrimiento de Su naturaleza, que es buena y perfecta en todos los sentidos. No creemos porque entendemos, entendemos porque creemos. La "mente renovada" entiende que es así como recibimos. Este simple elemento llamado confianza puede aumentar en forma exponencial nuestro encuentro con la máxima expresión de la naturaleza y la Presencia de Dios.

Reconocerlo es el resultado natural de nuestra confianza en Él. Aquel en quien confiamos por encima de nuestra propia existencia debe ser reconocido en cada aspecto y parte de la vida. La palabra reconocer, en realidad significa conocer. Es una palabra inusualmente grande en las Escrituras, con una amplia gama de significados. Pero lo que más me llama la atención es que esta palabra a menudo se enfoca en el ámbito de la experiencia personal. Es más grande que el conocimiento racional, y va más allá de meros conceptos. Es un conocimiento que se posibilita a través del encuentro. De hecho, Génesis 4:1 dice: *"y conoció Adán a su esposa Eva, la cual concibió y dio a luz a Caín"*. Es evidente que la naturaleza de esta palabra es más que una idea. Es una interacción profunda.

El Viaje de la Presencia

La confianza hace que Su Presencia sea más reconocible. Él se hace mucho más tangible a quien le mira con confianza y expectativa. Como ya lo he dicho, mi herramienta más poderosa para encontrar La Presencia de Dios es mi afecto por Él. Aun así, Él es el iniciador. Él es el gran amante de la humanidad y elige acercarse en esos momentos gloriosos. No puedo imaginar esta vida sin el maravilloso privilegio de amarlo. Él se acerca. Muy, muy cerca.

Este pasaje de Proverbios 3 muestra que quien confía en Él debe reconocerlo o identificarlo hasta conocerle y encontrarle. Mi vaga paráfrasis personal más o menos sería: "En cada parte de tu vida reconócelo hasta transformarlo en un encuentro personal con Él. Él hará tu vida mejor". Nunca me ha gustado dar fórmulas que devalúen nuestro caminar con el Señor, y ciertamente no quiero que se entienda de esa forma. Sin embargo, reconocer la presencia de Dios y encontrarle a Él, con toda seguridad hará que las cosas funcionen mejor en la vida. Está demostrado. Es esencial tener a bordo de nuestras vidas al autor, diseñador e inspirador de la vida misma, con pleno reconocimiento de nuestra parte.

Muchos hemos llevado una vida de fe por cuantiosos y variados motivos. El reino de los milagros es sin duda uno de ellos. Los milagros son ya una parte regular de nuestras vidas, y en cantidades que nunca pensé posibles. Es maravilloso. Pero últimamente me he preguntado si podríamos superar lo que hemos visto en lo milagroso, si usáramos nuestra fe para descubrir la Presencia de Dios tanto como la hemos usado para nuestro avance en los milagros. En conclusión: usa tu fe para descubrir la Presencia Permanente de Dios en tu vida. Él nunca decepciona. El resultado contundente sería aprender a vivir con la Presencia de Dios en todos los asuntos de la vida. Jesús lo hizo majestuosamente.

La Presencia de Dios sobre nosotros es nuestro norte. Cuando la brújula de mi corazón descubre la Presencia de Dios, todo lo demás encaja mucho más fácil. Y aunque puede que no tenga la respuesta que necesito para cada necesidad, reconozco que la Presencia me aleja del miedo y la ansiedad que bloquean mi acceso a las respuestas. El orden divino llena la vida de quien tiene a la Presencia de Dios como su prioridad.

Arrepentimiento Profundo

La confianza es la expresión natural de quien tiene un arrepentimiento profundo. La naturaleza de estas dos realidades se retrata bien en Hebreos 6:1, *"arrepentimiento de obras muertas y de la fe hacia Dios"*. En un solo versículo vemos la naturaleza tanto del arrepentimiento como de la fe —desde y hacia. Imaginemos a alguien dando la media vuelta, viniendo de algo y marchando hacia algo. En este caso se viene del pecado y se camina hacia Dios mismo. Su Presencia se descubre en el arrepentimiento.

Arrepentimiento significa cambiar nuestra forma de pensar. Nuestra perspectiva cambia con respecto al pecado y a Dios. Con profundo dolor confesamos (reconocemos nuestro pecado plenamente y sin excusas) y nos volvemos a Dios (en quien depositamos toda nuestra confianza).

Podemos ver imágenes similares en el libro de los Hechos. *"Por tanto, arrepentíos y convertíos, para que vuestros pecados sean borrados, a fin de que tiempos de refrigerio vengan de la presencia del Señor"*. (Hechos 3:19). Nota el resultado final, que los tiempos de refrigerio vengan de la Presencia del Señor. En estos dos pasajes vemos el patrón, el orden que Dios creó para conducirnos hacia Él mismo, a Su Presencia manifiesta. Aun siendo pecadores, Dios nos eligió para experimentarlo en tal forma que fuéramos completamente restaurados a nuestro diseño original, para vivir y llevar Su Presencia.

O caminamos en arrepentimiento o necesitamos arrepentirnos. El arrepentimiento es el estilo de vida de estar cara a cara con Dios. Si eso falta, debo dar la vuelta. Debo arrepentirme.

El Espíritu Santo Intercesor

Tal vez, la verdad más obvia de este libro es que la Presencia de Dios se descubre en oración. Si bien es cierto que eso es evidente, el colmo es que muchos aprenden a orar sin la Presencia, pensando que lo que Dios busca es su disciplina. La disciplina es parte importante del caminar con Cristo, seguro. Pero el cristianismo jamás se daría a conocer por su disciplina, sino por su pasión.

La oración es la máxima expresión del compañerismo con Dios. Es la aventura de descubrir y orar conforme a Su corazón. Muchos pasan su vida orándole a Dios, cuando podrían estar orando con Dios. Esta profunda relación, con sus respuestas y descubrimientos, presupone ser la fuente de nuestra plenitud de gozo.

Pero ustedes, oh amados, edificándose sobre la santísima fe de ustedes y orando en el Espíritu Santo. (Judas 20 NBLA).

Oren en el Espíritu en todo momento, con peticiones y ruegos. (Efesios 6:18).

El que habla en lenguas, se edifica a sí mismo (1 Corintios 14:4).

Cuando oramos con unción, oramos con el corazón de Dios. Su corazón se expresa a través de palabras, emociones y decretos. Y una forma inequívoca de afianzarnos a Su Presencia es encontrar el corazón de Dios. Este privilegio de co-laborar es parte de la tarea que se le da a aquellos que se entregan para portar adecuadamente Su Presencia.

Orar en lenguas nos brinda edificación y fuerza personal. En este tipo de oración, la Presencia de Dios nos lava y refresca. Me entristece un poco cuando la gente enfatiza que las lenguas son el menor de los dones, lo que pareciera darles el derecho de ignorarlas para ir en pos de dones más importantes. Si uno de mis hijos se llevara el regalo de cumpleaños o Navidad que le di y luego se negara a abrirlo porque discernió que era de menor valor que los demás, escucharía un sermón que nunca olvidaría. Cualquier don de Dios es maravilloso, glorioso, y extremadamente necesario para vivir como parte de Sus planes e intenciones para con nosotros. Este don en particular es brillantemente útil para vivir en la Presencia de forma continua.

Expresión Creativa

Uno de los grandes misterios de la vida es ver a los descendientes del Creador mostrar tan poca creatividad para hacer iglesia y en general, para vivir la vida. No creo que esa carencia provenga de personas a las que les gusta vivir aburridas o a las que les guste controlar todas las cosas hasta el hartazgo. Creo que suele venir de un malentendido de quién es Él y cómo es Él. Las personas a menudo le tienen tanto miedo a equivocarse que evitan intentar algo nuevo, pensando que quizá eso le desagrade a Dios. Si las personas se pudieran relajar más en Su bondad, probablemente le daríamos al mundo una expresión más precisa de ese Dios que nunca es aburrido y que sigue siendo exuberantemente creativo. En nuestra naturaleza está el ser de la misma forma.

Durante mis tiempos de oración debo tener papel y bolígrafo conmigo por las ideas que me llegan mientras estoy orando. Solía pensar que el diablo trataba de interrumpir mi oración, y eso era porque medía mi oración por la cantidad de tiempo que pasaba en una conversación tipo monólogo. Dios mide la oración a través del tiempo que dedicamos a la interacción.

El tiempo en Su Presencia libera ideas creativas. Cuando paso tiempo con Dios, recuerdo las llamadas telefónicas que necesito hacer, los proyectos que hace mucho tiempo olvidé y las cosas que había planeado hacer con mi esposa o mis hijos. Las ideas fluyen libremente en este entorno porque así es Él. En la Presencia tengo ideas que no me llegarían de ninguna otra forma. Información sobre cómo solucionar problemas o recordatorios sobre personas que deben ser reafirmadas, todo viene en ese intercambio y camaradería entre Dios y el hombre. Debemos dejar de culpar al enemigo por todas esas interrupciones. (Muchos de nosotros maximizamos al diablo y minimizamos a Dios). Y mientras el adversario de nuestras almas hace todo lo posible para que no lleguemos a la Presencia, a menudo le culpamos (cuando ni siquiera está cerca), porque malinterpretamos a nuestro Padre y las cosas que Él valora. Cuando finalmente nos damos cuenta de que es Dios quien repetidamente interactúa con nosotros, empezamos a disfrutar mucho más este proceso y a darle gracias por preocuparse por estas pequeñeces en nuestras vidas, que a menudo consideramos son demasiado insignificantes para merecer Su intervención. Si te importa a ti, le importa a Él. Estas ideas son fruto de nuestra conversación bidireccional. Pero para no tener que dejar el privilegio de interactuar con Dios para hacer otras cosas, las escribo para poder volver a mi adoración y comunión con Él. Las notas que escribo me dan valiosas indicaciones a las que puedo volver más tarde.

Debido a que Dios descansa sobre nosotros, deberíamos esperar nuevos niveles de ideas creativas con las que podamos impactar a nuestro mundo. Cuando digo creativas, no me refiero al arte de pintar o escribir canciones, únicamente. La creatividad es el toque del Creador en cada área de la vida. Es tanto la necesidad del contador y del abogado como la del músico y el actor. Y no podrías esperar menos si eres el hijo o la hija del mismísimo Creador.

Tiempo de Oración, Tiempo de Adoración

Mis tiempos de oración sobre temas de necesidad son cada vez menos y cada vez más sobre descubrir a esa maravillosa persona que se a mí en forma tan libre y completa. Recuerdo haber escuchado hablar a Derek Prince sobre este tema hace unos 40 años. Su impacto fue muy profundo. Él decía que si tienes diez minutos para orar, tómate unos ocho minutos para adorarle. Te sorprendería el tipo de oración que puedes hacer en dos minutos.

La adoración se ha convertido en una parte primordial de la vida. Y es maravillosa cuando se hace en forma corporativa. Pero es superficial cuando solo la experimento de forma corporativa. Mi vida personal debe ser de continua adoración para experimentar las transformaciones que anhelo. Siempre llegamos a ser como aquel al que adoramos.

Todavía creo en la oración y en la intercesión. Es un gozo. Pero mi corazón tiene esa inclinación hacia la Presencia que es más grande que las respuestas que busco. Hay una persona por descubrir todos los días. A Él hay que disfrutarlo y descubrirlo una vez más, y todo es Su idea. Puedo buscarlo solo porque ya me encontró.

Vacaciones de Cinco Minutos

Una de las partes más significativas de mi vida son las vacaciones de cinco minutos que tomo. Pueden suceder en cualquier momento o en cualquier lugar. La cantidad de tiempo que tomo varía, pero no la actividad. Por ejemplo, si estoy en mi oficina, le pido a mi secretaria que retenga mis llamadas por algunos minutos. Me siento, generalmente cierro mis ojos y oro más o menos así: "Dios, me voy a sentar aquí en silencio, solo para ser el objeto de tu amor". El fluir de Su amor por nosotros es enorme, quizá comparable con el volumen de agua que se derrama en las Cataratas del Niágara, excepto que estas son demasiado pequeñas. Tomar conciencia de ese amor y experimentarlo es algo maravilloso, más allá de toda palabra. Con el beneficio adicional de que hacerlo echa fuera todo temor.

Solo hay dos emociones básicas en la vida: el amor y el miedo. Enfocar mi atención hacia Su amor por mí, solo aumenta mi amor por Él. Es una fiesta de amor interminable en la que me deleito en Él, mientras Él se deleita en mí, lo que solo aumenta mi deleite en Él. Él es el placer supremo y debe ser atesorado como tal.

A muchos de nosotros nos criaron con la noción de que la oración era un tema de mucho trabajo. De hecho, todavía valoro ese modelo, pero solo cuando surge del estilo de vida de la Presencia y el romance. Y es mucho más efectivo si estoy enamorado.

Descubrir Su Presencia a diario es la forma más segura de permanecer enamorado.

Al Señor he puesto continuamente delante de mí; porque
Él está a mi diestra, no seré zarandeado (Salmo 16:8).

Este salmo de David es uno de los favoritos por varias razones. Es un salmo de descubrimiento de la Presencia. Concluye en el versículo 11 con *"En tu presencia hay plenitud de gozo; en tu diestra hay placeres para siempre"*. Plenitud de gozo. ¿Dónde? ¡En la presencia! Habrá más gozo en la casa si fuéramos más conscientes de Aquel que está en la casa.

El versículo mencionado anteriormente es único debido a este concepto: he puesto al Señor continuamente delante de mí. Aquí la palabra "puesto" significa "colocar", como poner algo en su lugar correcto. David hizo una práctica diaria de colocar a Dios justo frente a él. Él volcó su atención hacia Dios con él, hasta percatarse de Él. David, el más honrado en las Escrituras como una persona de la Presencia de Dios, nos revela que así fue como vivió la vida. Teniendo en cuenta el resultado de la vida de David, no creo que sea una exageración decir que este fue el secreto para el éxito de David en la Presencia. Él sabía que si no volvía su atención hacia el Señor, quien estaba con Él, viviría sin un norte fijo. En su brújula le faltaría el punto de referencia que ubica todas las cosas de la vida en su lugar justo.

Lee Hasta que Él Habite

Si bien es cierto que la adoración es el método número uno que Dios ha usado para enséñame acerca de Su Presencia, un muy cercano segundo lugar serían mis encuentros con Él a través de Su Palabra. Amo muchísimo las Escrituras. La mayor parte de lo que he aprendido acerca de la voz de Dios, lo he aprendido a través de la lectura de Su Palabra. Y aunque creo en el estudio intenso de las

Escrituras, las leo principalmente por placer. De hecho, Siempre leo por placer.

A lo largo de los años Dios me ha hablado innumerables veces por medio de las páginas de Su libro. Ahora es un hábito acudir inmediatamente a Su Palabra cuando necesito dirección, consuelo, discernimiento o sabiduría. Si me siento atribulado por algo, voy a los Salmos. Cada emoción está bien representada en ese libro. Y leo hasta que escucho mi voz en un salmo. Una vez que escucho el clamor de mi corazón, sé que he encontrado el lugar en el que debo detenerme y alimentarme. Probablemente se parece mucho a las ovejas que encuentran abundantes pastos para alimentarse. Solo se detienen y disfrutan. Esa es mi vida. Me detengo y me alimento de la maravillosa interacción, la voz, la Presencia real de Dios que se manifiesta en, y a través de Su Palabra.

"Así que la fe proviene del oír y el oír por la palabra de Cristo" (Romanos 10:17). Hay dos cosas importantes que quiero señalar acerca de este estupendo versículo. Primero, está el hecho de que la fe viene del oír, no por haber oído. La segunda es que la fe no necesariamente proviene de oír la Palabra. La fe proviene del oír. Nuestra capacidad de escuchar proviene de la Palabra. Ser uno de los que escuchan ahora significa ser uno de los que están formados para obtener una gran fe. Toda nuestra vida está vinculada a Su voz. El hombre vive de *"toda palabra que sale de la boca de Dios"* (Mateo 4:4).

Comunidad por Comunión

Dios ama a la iglesia. Le encanta la idea, el potencial y todo lo que tiene que ver con la iglesia, el cuerpo de Su Hijo en la Tierra. De hecho, ¡Él declaró que el celo por esta casa le ha consumido! Él ha dedicado Su fuerza, sabiduría y Sus emociones intensas para esta casa en la Tierra: Su morada eterna.

Lo que experimento con Dios en mi casa, por mi cuenta, no tiene precio. No lo cambiaría por nada en el mundo. Pero tampoco cambiaría los momentos increíbles que he vivido a través de los años en todas las reuniones con cientos o miles de personas. Esos también son momentos invaluables que nos preparan para la eternidad donde gente de toda tribu y lengua levantará alabanzas al Señor. Ese es un gozo indescriptible.

Algunas cosas están reservadas para el individuo. Y sin duda alguna, algunas otras cosas son en verdad demasiado preciosas como para dárselas a una sola persona. Ellas deben ser compartidas en compañía de otros, con un cuerpo, con la iglesia. Y hay aspectos de Su Presencia que solo se experimentarán en la reunión corporativa. La liberación exponencial y el descubrimiento de su Presencia son igual al tamaño del grupo de personas unidas con el propósito de exaltar a Jesús en alabanza.

Hay momentos en los que Dios solo nos permitirá reconocer Su Presencia en medio de una multitud. No es un rechazo. Él solo anhela que compartamos Su gozo en la unidad.

Una Historia Personal

A través de los años muchas personas han recurrido a mí por una oración de impartición, que es la liberación de un don para el ministerio mediante la imposición de manos, a menudo acompañada de profecía. Uno de los grandes privilegios de la vida ha sido ver cómo Dios usa tanto el hambre de estas personas como la unción en mi vida para impactar a otra vasija dispuesta. Y como la impartición legítimamente se ha hecho más importante durante los últimos años, para algunos se ha convertido en un atajo hacia la madurez, que realmente solo se puede desarrollar a través del servicio fiel a lo largo del tiempo. Obtener una respuesta instantánea casi siempre es preferido por aquellos a quienes nos han criado en la cultura de la gratificación instantánea. A veces olvidamos que los dones son gratis, la madurez es costosa.

Creo que dar y recibir impartición es un privilegio extraordinario. Pero al igual que muchos, también he visto como abusan de ella. Este abuso tal vez explica la razón por la que su concepto fue rechazado en la generación de mis padres. No obstante, los testimonios de este gran principio traen innegables frutos para la gloria de Dios. Aprender a acceder a una gran unción a través de la vida de otra persona es una clave enorme para el progreso personal.

La liberación de un regalo mediante la imposición de manos es enteramente obra de Dios. No somos máquinas expendedoras en las que digitas tu solicitud, presionas un botón, y obtienes el regalo deseado. A menudo alguien me dirá que quieren el doble de lo que tengo. Bueno, yo también. Si fuera tan fácil, me impondría las manos sobre mí mismo y oraría: "¡Duplica mi unción!" Últimamente, le he estado diciendo a la gente: "Puedo imponer las manos sobre ti e impartir una unción en tu vida tal como Dios la desee. Pero no te puedo dar mi historia con Dios".

Hay algo invaluable en la vida de cada persona que debe ser desarrollado y protegido a cualquier precio: nuestra historia privada con Dios. Si haces historia con Dios, Dios hará Historia a través de ti. Esta historia se crea cuando nadie está mirando; es quienes somos cuando estamos solos. Se ve en el clamor de nuestros corazones, cómo pensamos, qué oramos y cómo valoramos al mismísimo Dios. Nuestras vidas toman forma cuando no hay nadie que pueda aplaudir nuestros sacrificios o esfuerzos.

Estos son los momentos en los que aprendemos más sobre albergar Su Presencia. Cuando no hay nadie por quien orar, nadie a quien servir —es ahí donde se establecen los límites relacionales. ¿Estoy en esto por cómo Dios me puede usar; o me rindo a Él porque Él es Dios, y no hay mayor honor en la vida? Jesús tuvo su encuentro con el Espíritu Santo en Su bautismo en agua. Una multitud lo vio. Probablemente muy pocos, si acaso, tuvieron una clara idea de lo que estaba sucediendo. Pero fue en las noches, en el monte, cuando nadie veía, que llegaron sus mayores conquistas. La historia fue hecha en Él antes de que la Historia fuese hecha a través de él. Amaba al Padre antes de que pudiera revelar al Padre.

11

Bautismo de Fuego

Juan el Bautista fue el más grande de todos los profetas del Antiguo Testamento. Su responsabilidad, su unción y su lugar en la Historia le ubican hasta arriba de la lista. Jesús es el que destacó este hecho en Su notable afirmación sobre Juan, en Mateo 11. Más de la mitad del capítulo se dedicó en su honor.

Juan tenía muchísimas cosas a su favor: caminó en el Espíritu y poder de Elías, puso fin al silencio del Cielo con su clamor "El Reino de los Cielos se ha acercado", y se le dio el privilegio de allanar el camino para el Mesías. Sin embargo, según Juan, le faltaba el ingrediente principal: el bautismo de Jesús. Este deseo salió a la luz cuando Jesús viene a Juan para ser bautizado en agua. Juan tuvo problemas para entender cómo podía bautizarle si Jesús no era quien tenía la necesidad. En el abrumador contraste con la perfección de Jesús, Juan se dio cuenta de su necesidad. Confesó su deseo con la frase; *"Yo necesito ser bautizado por ti"* (Mateo 3:14). Curiosamente, todo esto sucedió justo después de que Juan había profetizado: *"Él les bautizará en el Espíritu Santo y fuego"* (Mateo 3:11). Estaba fresco en su mente. Ese es el contexto de su confesión. Juan necesitaba y deseaba el bautismo de fuego: el bautismo en el Espíritu Santo. Es este don esencial de Dios lo que hace posible que *"el más pequeño en el reino de los cielos [sea] mayor que él"* (Mateo 11:11). Juan no tuvo acceso a ese bautismo. Sin embargo, es ese bautismo el que hace posible que cada creyente en el Nuevo Testamento sea más grande que el más grande de los Profetas del Antiguo Testamento. Esto es fuego a un nivel completamente nuevo. Y este fuego es Presencia.

El Paraguas de la Gracia

Jesús llevó a los discípulos a la autoridad y al poder que Él vivió. Como se dijo anteriormente, ellos funcionaban bajo el paraguas de Su experiencia, quedando como suplentes. Pero antes de irse de la Tierra para vivir a la diestra del Padre, se aseguró de que los discípulos supieran que la dimensión en el que habían vivido durante tres años y medio con Él, no sería suficientes para los días venideros. Tendrían que obtener su propio poder y autoridad.

Mateo 28 da la descripción más completa y conocida de los pasajes sobre la Gran Comisión:

Se me ha dado toda autoridad en el cielo y en la tierra. Por tanto, vayan y hagan discípulos de todas las naciones, bautizándolos en el nombre del Padre y del Hijo y del Espíritu Santo, enseñándoles a obedecer todo lo que les he mandado a ustedes. Y les aseguro que estaré con ustedes siempre, hasta el fin del mundo. (Mateo 28:18-20).

En este recuento, Jesús declara que Él tiene toda la autoridad, lo que obviamente implica que el diablo no tiene ninguna. En ese momento, Él delega una comisión para Sus seguidores. El secreto de este momento es que la autoridad se da como parte de la comisión. Luego les indica que esperen en Jerusalén hasta que sean revestidos de poder de lo alto.

Así como la autoridad está incluida en la comisión, el poder se incorpora en el encuentro. Lo vemos en la vida de Jesús y también en la de los discípulos. Y no debiera ser diferente para nosotros. No hay nada que el entrenamiento, el estudio, o la conexión con las personas adecuadas pueda hacer para sustituir esto. No hay nada que reemplace un encuentro divino. Todos deben tener el suyo propio.

Trágicamente, muchos quedan algo lejos del encuentro divino porque ya están satisfechos con una buena teología. Una vez que se encuentra un concepto en la Escritura, se puede compartir con otros, aunque no se tenga la experiencia personal para respaldarlo. El verdadero aprendizaje viene de la experiencia, no del concepto en sí mismo. A menudo podemos culparnos por buscar únicamente que nos suceda algo que esté en nuestra lista de lo que consideramos un encuentro "bíblico" con Dios. Varias de esas experiencias halladas en las Escrituras no contienen a Dios, lo revelan. En otras palabras, Él es más grande que Su libro y no se limitará a hacer algo por nosotros tal y como lo hizo por alguien más. Él sigue siendo creativo y revelará la maravilla de quién Él es, vez tras vez.

Muchos no se dan cuenta de que lo que se necesita en esta búsqueda "por más" es un abandono a Dios que atraiga algo que no puede ser explicado, controlado o entendido. Debemos encontrarnos con uno que es más grande que nosotros en todos los sentidos posibles hasta que Él deje una marca. Es maravilloso, glorioso y aterrador.

Mi Historia—Gloriosa, pero Desagradable

En mi búsqueda personal por mayor poder y unción en mi ministerio, he viajado a muchas ciudades, incluyendo Toronto. Dios ha usado mis experiencias en estos lugares para prepararme y tener esta clase de encuentros transformadores de vida en casa.

Una vez, a la mitad de la noche, Dios se presentó en respuesta a mi oración por más de Él, pero no de la manera que esperaba. Pasé de un profundo sueño a estar despierto y alerta. Un poder inexplicable comenzó a pulsar a través de mi cuerpo hasta casi llegar a la electrocución. Era como si me hubieran conectado a un enchufe de pared con mil voltios de electricidad fluyendo por mi cuerpo. Mis brazos y piernas disparaban explosiones silenciosas, como si algo se liberara a través de mis manos y pies. Entre más trataba de detenerlo, peor se ponía la cosa.

Pronto descubrí que este no era un combate de lucha libre que estaba destinado a ganar. No escuché ninguna voz… ni tuve visiones. Esta simplemente fue la experiencia más abrumadora de mi vida. Fue una potencia brutal. Era Dios. Vino en respuesta a una oración había estado haciendo durante meses: "Dios, debo tener más de ti. ¡A cualquier costo!"

La noche anterior fue gloriosa. Estábamos reuniéndonos con un buen amigo y profeta, Dick Joyce. Era el año 1995. Al final de la reunión, oré por un amigo que estaba teniendo dificultad para experimentar la presencia de Dios. Le dije que sentía que Dios lo iba a sorprender con un encuentro que podría llegar a la mitad del día, o incluso a las 3 de la mañana. Cuando "el poder" cayó esa noche sobre mí, miré el reloj, eran las 3:00 a.m., exactamente. Así supe que la sorpresa me la habían organizado a mí.

Durante meses le había estado pidiendo a Dios que me diera más de Él. No estaba seguro si estaba orando correctamente, ni entendía la "parte doctrinal" de mi solicitud. Todo lo que sabía era que tenía hambre de Dios. Había sido mi clamor constante día y noche.

Y el momento divino fue glorioso, pero no agradable. Primero, estaba avergonzado, aunque era el único que sabía que me encontraba en esa condición. Mientras me encontraba ahí, tuve una imagen mental en la que me veía delante de mi congregación, predicando la Palabra, como me encanta hacerlo. Pero me vi con mis brazos y piernas sacudiéndose, como si tuviera una seria enfermedad física. La escena cambió, ahora estaba caminando por la calle principal de nuestra ciudad, frente a mi restaurante favorito, nuevamente, brazos y piernas agitándose de forma incontrolable.

No conocía a nadie que creyera que esto viniera de parte de Dios. Recordé a Jacob y su encuentro con el ángel del Señor. Cojeó por el resto de Su vida. Y luego tenemos a María, la madre de Jesús. Ella tuvo una experiencia con Dios que ni siquiera su prometido creería, aunque después vemos que la sola visita de un ángel le ayuda a cambiar de parecer. Como resultado, ella da a luz al niño Cristo... para luego dar a luz a un estigma por el resto de su vida, como la madre del niño ilegítimo. Me estaba quedando claro, el favor de Dios a veces se ve muy diferente desde la perspectiva de la Tierra, que desde el cielo. Mi petición por "más de Dios" tuvo un precio.

Las lágrimas comenzaron a empapar la funda de mi almohada al recordar las oraciones de los meses anteriores y contrastarlas con las escenas que acababan de pasar por mi mente. A todas luces, comprendía que Dios estaba proponiendo un intercambio: el aumento de su Presencia por mi dignidad. Es difícil explicar a plenitud el propósito de tal encuentro. Todo lo que puedo decir es que simplemente lo entiendes cuando sucede. Conoces Su propósito con tanta claridad que cualquier otra realidad se desvanece entre las sombras. Dios solo pone Su dedo en la única cosa que a Él le importa.

En medio de las lágrimas llegué al punto de no retorno. Con mucho gusto accedí, clamando: "Más, Dios. ¡Más! Debo tener más de Ti, ¡sin importar el precio! Si pierdo la respetabilidad y recibo más de ti, en nuestro intercambio, con mucho gusto hago la operación. ¡Solo dame más de ti!".

Las oleadas eléctricas no se detuvieron. Continuaron a lo largo la noche, mientras yo llorando y orando pedía: "Más Señor, más, por favor dame más de ti". Todo se detuvo a las 6:38 a.m., hora en la que me levanté de la cama completamente fresco. Esta experiencia continuó por las próximas dos noches, comenzando poco después de meterme en la cama.

Extremos

A lo largo de los años Dios ha tenido con Su pueblo muchos encuentros interesantes, por lo que es un error utilizar uno como el estándar para todos. Los dos encuentros con Dios que más han transformado mi vida, no podrían ser más diferentes el uno del otro. Acabo de relatar la historia de cómo fui electrocutado en Su Presencia. El otro fue tan sutil que hubiera sido tan fácil pasarlo por alto, tanto como lo fue el capturarlo. Todo, porque traté de "apartarme". La Biblia dice: "*Cuando Moisés se apartó... Dios habló*". Mi "zarza ardiente" fue una Escritura que el Espíritu Santo resaltó para que la viera. Me detuve y lo consideré, yendo en pos de lo que Dios pudiera estarme diciendo. Sucedió en mayo de 1979, y desde entonces nunca he podido ser el mismo. Comenzó en forma diminuta, parecido a una semilla. Pero fue aumentando continuamente, impactando tremendamente mi forma de pensar y de vivir. (Fue Isaías 60:1-19, donde Dios me mostró el propósito y la naturaleza de la iglesia.)

Tu encuentro con Dios puede despertar en mí un celo santo. No es sano juzgar lo que Dios ha hecho en mí y compararlo con lo que Él ha hecho por ti. En la experiencia de la electrocución que ya mencioné, no sabía si alguna vez volvería a levantarme de la cama. Fue como si mis circuitos estuvieran fritos y como si hubiera perdido en vida la capacidad de funcionar como un ser humano normal. Por supuesto, no fue lo que sucedió. Pero lo supe después de que sucediera: después de decirle que sí a "Más, a cualquier precio".

No se trata de que el encuentro con Dios deba ser extremo. Se trata de con cuánto de nosotros Él se queda durante la experiencia y cuánto de Su Presencia nos puede confiar. Jesús manifestó un estilo de vida, como hombre, eso es algo intensamente práctico que ya no puede ser evitado o considerado como inalcanzable. Es posible portar la Presencia del Espíritu Santo tan bien que el Padre decida revelarse a este planeta huérfano. Eso satisface a plenitud la búsqueda del propósito divino. Hacer exactamente las cosas que Él hizo, es lo que Jesús tenía en mente al entregarnos la comisión en Juan 20:21.

Aprendiendo a Centrarse

El Salmo 37 es uno de mis salmos favoritos. Recurro a él con frecuencia para alimentarme una y otra vez. En él, descubrí que esperar en el Señor era bastante diferente de lo que había pensado en el principio. Esperar no significa estar quieto y sentado. La mejor manera de ilustrar esta idea es como si se creara una emboscada para quién prometió: *"Ser encontrado por ti"* (Jeremías 29:14). Él quiere que lo encontremos, pero debemos buscarlo donde Él pueda ser hallado. Este es un lugar de descanso que surge de la convicción de quién Él es en nosotros y de quienes somos nosotros en Él. Por este motivo, esperar tiene sentido. El versículo 7 nos dice que *"descansemos en el Señor y esperemos pacientemente en Él"*. Descansar es la hermosa imagen de una persona que ya no siente la presión de esforzarse por demostrar su valía. Se siente cómoda en su propia piel. (Antes de ser salvos, "actuamos" para adquirir una identidad para ser aceptados. Después de ser salvos descubrimos que ya somos aceptados, y esa es precisamente nuestra identidad. A partir de esa realidad viene nuestra práctica.)

"Pacientemente" tiene dos significados: "dolor en el parto" o "remolinos en el aire mientras se danza". Ambas actividades requieren fuerza y un enfoque increíble. Debemos esperar en Dios con una concentración y determinación inquebrantable, muy similar a la que tuvo Jacob cuando luchó con el Ángel. Lo mismo puede decirse de Eliseo al luchar por el manto de Elías.

Hay temporadas en la vida en las que participar en muchas y diversas actividades no solo es aceptable, sino también bueno. Pero también hay períodos en los que es mortal. Una vez manejé desde el norte hasta el sur de California por la Interestatal 5. Al sur de Bakersfield me hallé en una tormenta de arena que me cegó casi por completo. La autopista fue completamente cubierta. Había muchos autos detrás de mí, así que sabía que detenerme podía ser desastroso. Mientras me sumergía en esta nube de polvo, vagamente pude ver autos y camiones esparcidos por ambos lados de la autopista con gente que agitaba sus brazos frenéticamente. Hablar con amigos, escuchar música y demás actividades son aceptables mientras uno conduce, pero en ese momento podrían haber sido mortales. Un silencio absoluto invadió mi vehículo mientras me esforzaba por mantener mi velocidad, concentrándome en mi propio carril. Después de uno o dos minutos, logramos atravesar esa mortal y aterradora nube… solo por la gracia de Dios.

El enfoque intenso restringe lo que puedes y estás dispuesto a ver. Y aunque esto evite que veas muchas cosas, también abrirá tus ojos para ver más de lo que anhelas. El dominio propio no es la capacidad de decir no a otras mil voces. Es la habilidad de decir que sí a una sola cosa de forma tan completa que ya no queda nada para darle a esas otras opciones.

El Espíritu Santo es nuestro mayor regalo y debe convertirse en nuestro único interés. Con eso en mente, cada uno de nosotros se convierte en el objetivo de Dios para un encuentro específico que redefine nuestro propósito en el planeta Tierra. Es el bautismo de fuego. Nacimos para arder. Si bien es cierto que el peligro de quitarle nuestra atención a la persona para enfocarnos en la experiencia es latente, vale la pena el riesgo. Ninguna cantidad de milagros, ni entendimiento, ni éxito personal satisfará jamás el clamor del corazón por este bautismo. Y aunque a varios simplemente les gustaría que fuese algo breve, muchas veces esto implica un proceso profundo. Para los 120, fueron diez días de oración continua. Para mí fue una temporada de ocho meses, en donde mis oraciones literalmente me despertaban. No me desperté para orar. Me desperté orando.

Este enfoque en una sola cosa es recompensado. Personalmente no pienso que estos encuentros deban ser un evento único. Debemos tener encuentros frecuentes con Dios que continuamente recalibren nuestros corazones para que Dios nos confíe más y más.

Las personas protegerán lo que valoran. Dios nos dará la medida de Su presencia que celosamente estemos dispuestos a cuidar.

Encuentros Históricos

Cuando Jesús se les apareció a los dos hombres en el camino a Emaús, abrió las Escrituras para explicarles por qué el Cristo tenía que morir. En el momento, no sabían quién era Él pero lo convencieron para que se quedara a comer. Al partir el pan, sus ojos se abrieron, y Él desapareció. Su respuesta es una de mis favoritas en toda la Biblia. *"¿No ardían nuestros corazones dentro de nosotros mientras hablaba?"* (Lucas 24:32). Eso es exactamente lo que me pasa cuando leo lo que éste mismo Jesús ha hecho en la vida de aquellos quienes se han entregado a sí mismos por más. Mi corazón arde.

A continuación, se muestran algunas historias de personas y sazones en Dios. Los siguientes son solo un modesto puñado, entre los miles que deberían ser contados.

Dwight L. Moody

Fue unos meses después, mientras caminaba por las calles de Nueva York, que Dwight finalmente experimentó un gran avance por aquello que él y Sarah Cooke habían estado orando. Fue poco antes de su segundo y más importante viaje a Inglaterra. R.A. Torrey describió así el significativo progreso en la vida de Moody:

No mucho después, un día de camino a Inglaterra, iba caminando por Wall Street en Nueva York (El Sr. Moody muy rara vez lo decía y ahora casi dudo en contarlo), y en medio del bullicio y la prisa de esa ciudad, su oración fue respondida. El poder de Dios cayó sobre él mientras caminaba por la calle. Tuvo que apresurarse a llegar a la casa de un amigo y pedirle una habitación para él solo. Permaneció en esa habitación durante horas y el Espíritu Santo vino sobre él, llenando su alma con tal gozo que al final tuvo que pedirle a Dios que detuviera su mano, a no ser que quisiera que muriera de alegría en el acto. Salió pues de ese lugar con el poder del Espíritu Santo sobre él, y cuando llegó a Londres, la unción de Dios obró en forma poderosa a través de él en el norte de la ciudad. Cientos se añadieron a las iglesias, lo que le llevó a ser invitado a la maravillosa campaña que prosiguió en años posteriores.

Dwight describe la experiencia de esta manera:

Lloraba todo el tiempo para que Dios me llenara con Su espíritu. Pues bien, un día, en la ciudad de Nueva York, ¡oh, qué día! No puedo describirlo, rara vez hablo de él. Es una experiencia demasiado sagrada para nombrarla. Pablo tuvo una experiencia de la que no habló durante catorce años. Solo puedo decir que Dios se me reveló, y tuve tal experiencia de Su amor que tuve que pedirle que detuviera Su mano. Volví a predicar. Los sermones no fueron diferentes. No presenté ninguna verdad nueva y, sin embargo, cientos se convirtieron. No volvería a donde estaba antes de esa bendita experiencia, aún si me dieran todo el mundo. Sería como el diminuto polvo de una balanza.[1]

Evan Roberts

Durante cierto tiempo, Evan había estado buscando y encontrando una relación más íntima con el Señor. William Davies, un diácono en la Capilla Moriah, le había aconsejado al joven Evan que nunca se perdiera las reuniones de oración, en caso de que el Espíritu Santo viniera. Así que Evan asistió fielmente a la reunión vespertina del lunes en Moriah, el martes en Pisgah, el miércoles en Moriah, y jueves y viernes en otras reuniones de oración y Clases Bíblicas. Así lo hizo durante trece años, orando fielmente por una poderosa visitación del Espíritu Santo.

Un día antes de la escuela, en la primavera de 1904, Evan se encontró así mismo en lo que más tarde describiría como una experiencia tipo "Monte de la Transfiguración". El Señor se reveló a sí mismo de una manera tan asombrosa y abrumadora que Evan fue llenó de temor divino. Después de esto, atravesaría por períodos de incontrolables temblores, lo que preocupó a su familia. Durante varias semanas Dios visitaba a Evan cada noche. Cuando su familia le presionaba para compartir sus experiencias, solo diría que era algo indescriptible. Cuando llegó la hora de entrar a la escuela en New Castle Emlyn, tenía miedo de ir pues se perdería sus encuentros con el Señor.

En esos momentos se celebraba una convención en Blaenanerch, a pocos kilómetros de su escuela. Un evangelista llamado Seth Joshua presidía las reuniones. Un jueves 29 de septiembre de 1904 por la mañana, Evan Roberts y otros 19 jóvenes, incluido su amigo Sydney Evans, asistieron al evento. Camino a la reunión el Señor se manifestó sobre el pequeño grupo, por lo que empezaron a cantar: "Ya viene, ya viene, el poder del Espíritu Santo. Lo recibo, lo recibo, el poder del Espíritu Santo".

En la reunión de las siete en punto, Evan se sintió profundamente conmovido, derrumbándose por completo al final del servicio. Cuando Seth Joshua usó las palabras *"Dobléganos, oh, Señor"*, Evan entró en tal quebranto que no escuchó nada más. Posteriormente testificó que el Espíritu de Dios le susurró: "Esto es lo que necesitas".

"Doblégame, oh Señor", gritó, pero el fuego no cayó. En la reunión de las 9, el espíritu de intercesión se movió en la congregación con gran poder, y Evan se encontró a punto estallar en oración. Entonces el Espíritu de Dios le dijo que lo hiciera públicamente. Con lágrimas corriendo por todo su rostro, Evan comenzó a clamar: *"¡Doblégame! ¡Doblégame! ¡Doblégame! ¡Dobléganos a todos!"*. En ese punto, el Espíritu Santo vino sobre él con un bautismo tan poderoso que llenó a Evan con el amor del Calvario, y con un amor por el Calvario. El mensaje de la cruz se grabó tan hondo en el corazón de Evan esa noche que dentro del gran avivamiento que pronto ayudaría a dirigir no cabría otro tema. De esa noche en adelante, Evan Roberts se centraría en un solo pensamiento: la salvación de las almas. Los historiadores se referirían a esa noche como "La gran reunión de Blaenanerch".

Poco después de esto, en una ocasión a medianoche, el compañero de cuarto de Evan y su amigo más cercano, Sydney Evans, entraron en la habitación solo para encontrar el rostro de Evan brillando con una luz santa. Asombrado, preguntó qué había sucedido. Evan respondió que acababa de ver en una visión a toda Gales elevándose al cielo. Entonces profetizó: "Vamos a ver el avivamiento más poderoso que Walker jamás haya visto, y el Espíritu Santo viene ahora mismo. Debemos prepararnos. Debemos formar un pequeño grupo para ir a predicar por todo el país". De pronto se detuvo y con ojos penetrantes clamó: *"¿Crees que Dios pueda darnos 100,000 almas, ahora?"*

La presencia del Señor se apoderó tanto de Sydney que no le quedó otra opción, sino creer. Más tarde, mientras estaba sentado en una capilla, Evan vio en una visión algunos de sus viejos compañeros y muchos otros jóvenes, cuando oyó una voz que le dijo: "*Ve con esta gente*". A lo que respondió: "Señor, si es Tu voluntad, iré". Entonces toda la capilla se llenó con una luz tan deslumbrante que solo podía verse vagamente al ministro en el púlpito. Estaba profundamente perturbado y quería asegurarse de que esta visión viniera del Señor. Consultó con su tutor, quién le animó a ir.[2]

Mel Tari

A mediados de la década los 60's, Tari estaba sentado en su iglesia presbiteriana mientras la gente oraba, cuando de repente el Espíritu Santo impactó el lugar. Todos empezaron a escuchar audiblemente el sonido de un poderoso viento que llenaba la habitación. La campana de incendios de la aldea comenzó a sonar y los bomberos se apresuraron a llegar al edificio. La iglesia estaba cubierta en llamas, pero no se estaba quemando. Muchos se salvaron ese día. Lo qué comenzó con unas pocas docenas de personas, seguiría como un movimiento que impactó al mundo.[3]

Los Profetas de las Cevenas

(Siglo XVII) Los profetas de las Cevenas en Francia son un interesante caso de estudio dentro de los derramamientos colectivos del Espíritu Santo. Dios comenzó un despertar en las Cevenas cuando en el 1688, Isabeau Vincent, de 16 años, comenzó a entrar en éxtasis temblando y desmayándose. Ella podía profetizar y citar escrituras que nunca había conocido. A veces cantaba o predicaba sermones mientras dormía. Impactó a muchos, llevándolos al arrepentimiento. Docenas de personas en su aldea se encendieron con un don profético y al extenderse la noticia muchos visitantes acudían a la zona. Muchos de los habitantes del pueblo tuvieron visiones angelicales y a veces fueron guiados a reuniones secretas por medio de luces en el cielo. Las palabras específicas de discernimiento eran comunes, llevadas todas ellas por una sed de santidad. Las personas comenzaron a orar y ayunar y sus reuniones estuvieron marcadas tanto por una espontaneidad inusual, como por una adoración exuberante y expresiva. Las manifestaciones físicas de Dios sobre los creyentes también estuvieron presentes.[4]

Los Moravos

Los moravos de Herrnhut, Sajonia, fueron un grupo de aproximadamente 300 refugiados que vivían en la finca del conde Nicholaus von Zinzendorf, cuando en 1727 cayó un gran derramamiento del Espíritu Santo. "Vimos la mano de Dios y sus maravillas, y todos estábamos bajo la nube de nuestros padres bautizados con su Espíritu. El Espíritu Santo vino sobre nosotros y en aquellos días, grandes señales y prodigios tuvieron lugar en medio de nosotros. A partir de ese momento, no pasaba día sin que se vieran sus obras omnipotentes entre nosotros".[5]

George Whitefield

Whitefield fue un protagonista importante en el Gran Avivamiento iniciado por Jonathan Edwards. Muchos se salvaron en sus misiones, y se estima que les predicó a seis millones de personas sin usar la radio o la televisión. Las reuniones de Whitefield fueron criticadas por sus expresiones emocionales de adoración. John Wesley describe una reunión de oración con Whitefield en la que el Espíritu de Dios se movió sobre ellos en 1739. "Alrededor de las tres de la mañana, mientras continuamos con nuestra oración espontánea, el poder de Dios vino poderosamente sobre nosotros, de tal manera que muchos clamaron con un gran gozo, y otros cayeron al suelo. Tan pronto como nos íbamos recuperando de la maravilla y el asombro ante la presencia de Su majestad, estallamos a una sola voz: "Te alabamos, oh Dios, te reconocemos como Él Señor". Comprende que no nos referimos al alboroto, al atrevimiento o al intento emocional de adornar la experiencia con Dios. Se trata de las repentinas e innegables sorpresas de Su soberanía.[6]

William Seymour

El Espíritu comenzó a caer en Los Ángeles, mientras la gente estaba radicalmente llena y salía a las calles hablando en lenguas. Las multitudes comenzaron a crecer en estas reuniones en casa, donde Seymour vivía con una familia anfitriona. Al poco tiempo, predicaban desde el pórtico delantero mientras la gente abarrotaba las calles para escuchar. Posteriormente, se mudaron a un viejo establo de caballos en el 312 de la calle Azusa. Fue en este establo que en 1906 el movimiento pentecostal nació oficialmente.

La gente se caía y lloraba. Hablaban en lenguas. Se reían, se sacudían, bailaban y gritaban. Esperaban en Dios durante horas, a veces sin decir nada. Seymour a menudo predicaba de rodillas.

"No se podía llevar un registro de todos los milagros que allí ocurrieron", escribe el historiador carismático Roberts Liardon. Hablando de William Seymour, John G. Lake dijo: "Él tenía más de Dios en su vida que cualquier hombre que haya conocido hasta ese momento".

La oración duró todo el día y toda la noche. Incluso enviaron bomberos a la calle Azusa, porque la gente vio un "fuego" que en realidad solo era la gloria visible de Dios descansando sobre el exterior del edificio. Sucesos similares han ocurrido en varios avivamientos, como el avivamiento de Indonesia, según lo registrado Mel Tari en los 70's, donde los bomberos también atendieron un "fuego glorioso" que fue visible por todos a su alrededor.

Los misioneros comenzaron a llegar a la calle Azusa de todas partes del mundo para encenderse en fuego. La gente caía, era salva y empezaba a hablar en lenguas a unas cuadras del edificio, aunque nadie hubiera orado por ellos y no tuvieran idea de lo que estaba pasando en la Misión de Azusa. Los feligreses también salían a las calles tocando las puertas con botellitas de aceite y buscando a los enfermos para orar.

Seymour buscó ante todo cultivar la presencia de Dios en sus reuniones. Si alguien se sentía guiado, se ponía de pie y comenzaba a orar o a predicar. Si la unción parecía no estar en una persona en particular, esa persona a veces obtendría un suave toque en el hombro para callar. Verdaderamente, el Espíritu de Dios fue el líder de esas reuniones.[7]

John G. Lake

Cierta tarde un hermano ministro me llamó para invitarme a ir con él a visitar a una señora enferma. Al llegar a la casa encontramos a la señora en silla de ruedas. Todas sus articulaciones tenían reumatismo inflamatorio, condición en la que había estado durante diez años. Mientras mi amigo charlaba con ella preparando su corazón para orar por sanidad, me senté en un mullido sillón al lado opuesto de la gran habitación. Mi alma clamaba a Dios en un anhelo demasiado profundo para expresarse en palabras, cuando de repente me pareció que había pasado bajo una ducha de agua tibia y tropical, que no caía sobre mí, sino a través de mí. Bajo esta influencia, mi espíritu, alma y cuerpo, estaban aliviados con una calma tan profunda y tranquila que nunca antes había conocido. Mi cerebro, que siempre había estado muy activo, se quedó perfectamente quieto. Un asombro por la presencia de Dios reposó sobre mí. Sabía que era Dios.

Pasaron algunos momentos, no sé cuantos. El Espíritu dijo: "He escuchado tus oraciones, he visto tus lágrimas.

Ahora estás bautizado en el Espíritu Santo". Entonces corrientes de poder comenzaron a correr por mi ser desde la coronilla de mi cabeza y hasta las plantas de mis pies. Los golpes de energía aumentaron en rapidez y voltaje. Como estas corrientes pasaban a través de mí, parecían provenir de mi cabeza, correr a través de mi cuerpo, pasar por mis pies y fluir hacia el suelo. El poder era tan vivo que mi cuerpo comenzó a vibrar intensamente, tanto que creo que de no haber estado sentado en un sillón tan profundo, pude haber caído al suelo.

En ese momento observé que mi amigo me hacía señas para venir y unirme a él en oración por la mujer enferma. En su ensimismamiento no se percató de que algo me hubiera pasado. Me levanté para ir hacia él, pero descubrí que mi cuerpo temblaba tan violentamente que tuve mucha dificultad para caminar por la habitación, y especialmente para controlar el temblor de mis manos y brazos. Sabía que no sería prudente imponer así mis manos sobre la mujer enferma, pues era probable que la sacudiera. Se me ocurrió que todo lo que necesitaba era tocar con la punta de mis dedos la parte superior de su cabeza para que las vibraciones no la sacudieran. Y lo hice. De inmediato las corrientes de poder santo atravesaron mi ser, y supe que también pasarían por la enferma. Ella no habló, pero aparentemente se asombró por el efecto sobre su cuerpo.

Mi amigo, quien había estado hablando con ella con gran ahínco había permanecido arrodillado. Entonces se levantó y dijo: "Oremos para que el Señor te sane ahora". Al hacerlo, la tomó de la mano, y en el instante en que sus manos se tocaron, un destello de poder dinámico atravesó mi persona, pasó a la enferma, y como mi amigo estaba sosteniendo la mano de esta mujer, el impacto del poder pasó de ella llegando hasta él. La ráfaga de poder sobre su persona fue tan grande que le hizo caer al suelo. Mirándome hacia arriba con gozo y sorpresa, se puso de pie de un salto diciendo: "¡Alabado sea el Señor, John, Jesús te ha bautizado en el Espíritu Santo!"

Luego tomó la mano que había estado lisiada por muchos años. Sus manos anudadas se abrieron y las articulaciones comenzaron a funcionar, primero los dedos, luego la mano y la muñeca, luego el codo y el hombro.

Esas fueron las manifestaciones externas. Pero ¡oh! ¿Quién podría describir el inexpresable gozo conmovedor que fue pasando por mi espíritu? ¿Quién podría comprender la paz y la presencia de Dios que estremeció mi alma? Incluso tanto tiempo después, diez años, el asombro de esa hora descansa sobre mi alma. Mi experiencia realmente fue tal y como dijo Jesús: "Él será dentro de ti como un pozo de agua que brota para vida eterna". Esa fuente inagotable ha fluido a través de mi espíritu, alma y cuerpo día y noche, trayendo salvación y sanidad, y el bautismo del Espíritu en el poder de Dios a las multitudes.[8]

Charles Finney

Charles Finney es uno de los grandes avivadores en la historia de los Estados Unidos. Si bien, es conocido por su avivamiento y su predicación sobre el arrepentimiento verdadero, no todos lo reconocen como un gran reformador social. La emancipación de los esclavos y los derechos de las mujeres fueron dos de los problemas que se vieron fuertemente impactados por su predicación. Los avivamientos obviamente fueron para convertir a la gente a Jesucristo. Pero su objetivo estaba mucho más allá de llenar iglesias con nuevos miembros. Sabía que si su predicación iba a tener un resultado duradero, tenía que haber un profundo cambio cultural. Todos los verdaderos predicadores del evangelio deben tener esto en cuenta. Pero para los efectos de este libro, una historia se destaca por encima de las demás. Escribe sobre esta inusual experiencia en su propia autobiografía.

Una mañana, después del desayuno, entró a una fábrica. En una habitación llena de señoritas ocupadas en sus máquinas de tejer, telares y maquinas giratorias, dos en particular destacaron a sus ojos. Parecían un poco agitadas, pero parecían disimularlo con risa. Sin decir nada caminó hacia ellas, notando que una temblaba tanto que no podía zurcir. Estando a 2 o 3 metros de distancia estallaron en lágrimas, desplomándose al suelo. Momentos después, casi toda la sala estaba en lágrimas. El propietario, que aún no se convertía, reconociendo el momento divino, ordenó que su fábrica cerrara para dar a sus trabajadoras la oportunidad de venir a Cristo. Así estalló un mini avivamiento que duró varios días. Casi toda la tejeduría se convirtió durante este tiempo. Todo empezó con un hombre sobre quien el Espíritu de Dios amaba reposar. Y así, sin palabras, una nave llena de trabajadoras cayó bajo la convicción del Espíritu Santo, naciendo un avivamiento.

Si bien, la misma experiencia no se repitió todos los días, no puedo evitar preguntarme si tal vez el Señor está tratando de llevarnos a una mayor hambre por más, ahora que sabemos lo que es posible. Este testimonio está en el currículum de Dios. Revela cómo Él está dispuesto a afectar el entorno de aquellos que le acogen bien.[9]

Smith Wigglesworth

Y aquí está la historia final, que no solo es mi favorita del capítulo, sino una de las mejores en toda la historia de la iglesia. Smith fue un hombre de la Presencia.

Había 11 cristianos líderes en oración con nuestro hermano en una reunión especial por la tarde. Cada uno se encargó de un segmento. Entonces, el evangelista comenzó a orar por el Dominio, y mientras continuaba, cada uno, según su medida de espiritualidad, salió. El poder de Dios llenó la habitación… no pudiendo permanecer en una atmósfera súper cargada por el poder de Dios.

El autor, al enterarse de esto por medio de alguien que estaba presente, se prometió que si llegaba la oportunidad, a cualquier precio, él permanecería sin importar quien más se saliera. Durante la estancia en el área de los fiordos, se convocó a una reunión especial para orar para las otras ciudades de Nueva Zelanda que aún no se visitaban. Surgió entonces una situación similar a la de la otra reunión. Aquí estaba la oportunidad, el desafío, ¡el concurso estaba en marcha! Algunos oraron. Entonces el anciano santo comenzó a levantar su voz, y por extraño que parezca, comenzó el éxodo. Una influencia divina comenzó a llenar el lugar. La habitación se hizo santa. El poder de Dios comenzó a sentirse como si fuese un peso completo. Con el mentón firme, y una decisión rotunda de no moverse, el único que quedaba en la habitación se aguantaba y aguantaba… hasta que la presión se hizo tan grande, que no pudo quedarse más. Con las compuertas de su alma derramando un torrente de lágrimas, y con incontrolable sollozo tuvo que salir o morir —y un hombre que conocía a Dios como pocos lo hacen, se quedó solo inmerso en una atmósfera en la que pocos hombres podrían incluso respirar.[10]

Toma Nota

Espero que hayas notado que las historias de profundos encuentros personales terminaron en derramamientos, movimientos, transformación social, y finalmente una mayor conciencia de Su Presencia, algunas veces sobre una ciudad, región o nación. Esas experiencias afectaron sus vidas por completo y eventualmente impactaron su entorno. Las transformaciones históricas de la cultura no ocurrieron simplemente porque la gente asumió cargos políticos e hicieron cambios de acuerdo con sus convicciones. Si bien es cierto que ello puede ser bueno, hay algo mucho mejor. Presencia. Estas personas normales se convirtieron en héroes de la fe, no por sus dones, su inteligencia o su genealogía. Son héroes porque aprendieron el valor de su mayor don: el Espíritu Santo.

¿Y Ahora Qué?

Historias como estas me hacen sentir como si acabara de entrar de nuevo en esa nube de polvo en la Interestatal 5. Pero esta vez no es el peligro de un accidente lo que fija mis ojos en el camino por venir. Es la posibilidad de perder el propósito por el que fui detenido por Dios al estar preocupado con otras cosas. Cosas minúsculas. Estas historias son testimonios que profetizan lo que Dios ha hecho disponible para nosotros durante nuestra vida. Como tal, establecen un precedente legal. Los atrios del cielo han concluido de una vez y para siempre que el tipo de vida representada por las vidas de estos héroes de la fe está disponible para todos.

Somos aquellos sobre quienes las promesas de los siglos han venido a reposar. Y están supeditadas a que seamos un pueblo que ha descubierto su propósito eterno. Hemos sido elegidos para ser Su morada eterna. Hemos sido escogidos para albergar

Su Presencia.

NOTAS FINALES

1 **Dwight L. Moody**
Roberts Liardon, *God's Generals: The Revivalists* (New Kensington, PA: Whitaker House, 2008), 366-367.

2   **Evan Roberts**
    Rick Joyner, *The World Aflame: Guidance from the Greatest Revival Yet and the Greater One to Come*, (New Kensington, PA: Whitaker House, 1996), 35-37.

3   **Mel Tari (The New Mystics page 108)**
    John Crowder, *The New Mystics*, (Shippensburg, PA: Destiny Image Publisher, 2006), 108.

4   **The Cevennes Prophets (The New Mystics Page 122)**
    John Crowder, *The New Mystics*, (Shippensburg, PA: Destiny Image Publisher, 2006), 122.

5   **The Moravians (The New Mystics Page 169)**
    John Crowder, *The New Mystics*, (Shippensburg, PA: Destiny Image Publisher, 2006), 169.

6   **George Whitefield**
    John Crowder, *The New Mystics*, (Shippensburg, PA: Destiny Image Publisher, 2006), 171.

7   **William Seymour**
    John Crowder, *The New Mystics*, (Shippensburg, PA: Destiny Image Publisher, 2006), 187-189 .

8   **John G Lake**

    Gordon Lindsay, ed., *The Johns G. Lake Sermons on Dominion Over Demons, Disease, and Death* (Olendale, CA: The Bhurrh Press: Farson and Sons, 1949), 5-9, used by permission of Christ for the Nations, Inc., Dallas, TX.

9   **Charles Finney**
    Charles G. Finney, *Memoirs of Rev. Charles G. Finney* (New York: A. S. Barnes & Company, 1896), 183-184.

10 **Smith Wigglesworth:**
    H. V. Roberts, *New Zealand's Greatest Revival; Reprint of the 1922 Revival Classic: Smith Wigglesworth* (Dilsburg, PA: Rex Burger Books [www.klifemin.org], 1951), 46-47.

ACERCA DE BILL JOHNSON

Bill Johnson es un pastor de quinta generación con una rica herencia en el Espíritu Santo. Juntos, Bill y su esposa, sirven a un creciente número de iglesias que se han aliado para el avivamiento. Esta red de liderazgo ha cruzado las líneas denominacionales, construyendo relaciones que permiten a los líderes de la iglesia caminar con éxito tanto en pureza como en poder.

Bill y Brenda (Beni) Johnson son los pastores principales de Bethel Church en Redding, California. Sus tres hijos junto con sus cónyuges participan de tiempo completo en el ministerio. También gozan de nueve maravillosos nietos.

Made in United States
Orlando, FL
14 September 2024

51498810R00124